あなたにとって「本当に必要な保険」

清水　香

講談社+α文庫

はじめに

２０１０年7月に講談社から刊行された『見直し以前の「いる保険」「いらない保険」の常識』は、読者の方から多くの反響をいただき、発売以降、順調に版を重ねてきました。

「保険加入前にぜひ知っておくべき内容だ」「この本をもっと早く読んでいたら、わが家にはもっとお金が貯まっていたかも」など、うれしいお声もたくさんいただきました。また、新聞の書評やテレビ番組で使われるなど、各種メディアでも広く取り上げられております。

「これらの内容をもっとたくさんの方にお伝えして、より良い暮らしづくりに役立てていただければ――」。こうした思いから、『見直し以前～』をベースに情報をアップデート、さらに一部に加筆して、新たに文庫本として本書が刊行される運びとなりました。

『見直し以前〜』を執筆した2010年から、すでに4年が経過しようとしています。その間、わが国の経済環境、社会環境も変化してきましたが、生命保険や医療保険をめぐる私たちの状況には、ほとんど変化がないように見えます。

生命保険や医療保険にはほとんどの世帯が加入し、わが国では加入自体がもはや「ならわし化」しています。まるで固定費のように毎月支払い続けられている生命保険料が気になりつつも、具体的にはどうしたものかと、長年にわたりそのままにしている方も少なくないでしょう。

しかしながら、生命保険や医療保険とは、本来「必ず入るべきもの」などではなく、私たち自身がその「必要性から個別に検討すべきもの」です。

また不測の事態に対し、これらの保険を用いて備えることが、必ずしも不測の事態に備える合理的手段、そして安心であるとも限りません。

さらに申し上げれば、保険に加入する以前に知るべき重要な情報が、多くの方に知られていないのもまた事実なのです。もしそれらを知っていたら、保険に加入する際の判断は、大きく異なってくるでしょう。なにしろ、将来の家計が、何百万円どころか数千万円単位で変わってくる可能性さえあるのですから。本書第2章をご覧いただければ、その理由が十分におわかりいただけると思います。

保険業界に身を置き10年。その後金融商品や保険商品を一切販売しない独立系ファイナンシャルプランナーとしてフリーランスに転身し、すでに14年が経ちました。都合24年以上にわたり保険商品や保険業界をウォッチし、また多くの方のお金まわり・保険まわりのご相談をお受けしてまいりました。これらの経験をもとに、これまで繰り返しお客様にお伝えしてきた「そもそも保険が必要なのか」、さらに「必要なら、どれだけの金額、どれだけの期間で必要なのか」を具体的に読者の皆様自身が判断するために必要かつ重要な情報を、何よりわかりやすさを心掛けて、今回もお伝えします。合わせて、カツヤマケイコさんのツボを押さえたイラストもお楽しみいただければと思います。

本書でお伝えしたことを、皆様の暮らしの中でお役立ていただければ、筆者としてこれほどうれしいことはありません。

本書上梓にあたり、今回も講談社生活文化第二出版部の藤枝幹治さんに、大変お世話になりました。貴重な機会を与えてくださり、ありがとうございました。他2冊についてもご担当いただいていますが、藤枝さんはいつもさりげなくクールに支えて下さる素敵な方。今後も懲りずにおつき合いくださると幸いです。

さらに、いつも私の活動を応援してくださるたくさんの皆様にも、この場をお借りして深く御礼申し上げるとともに、今後ともご指導・ご鞭撻賜りますよう、お願い申し上げます。ありがとうございました。

2014年5月

清水　香

※本書は特別な記載がない限り、2014年5月現在の制度、金利、商品情報に基づいて執筆しています。

目次

第2章 これだけは知っておきたい！イザというときいくらかかるの？㊙常識

【医療保障編】67

第3章

保険と保障の「これって、どっちがおトク?」

第4章 損をしない！ 失敗しない！ 不測の事態に備える㊎常識

第5章 FPがこっそり教える、「保険料を安くする」裏技

第6章 「困った！」を一気に解決するQ&A

第1章

イザというときの
お金の不安と素朴なギモン

20

生命保険って、みんな入ってるの？

およそ9割の世帯が何らかの保険に加入。でもその実態は？

わが国での生命保険の加入状況は驚くべきもの。およそ9割の世帯が何らかの生命保険の契約をしており、しかも1世帯あたりの平均支払額は実に年間約42万円（※）。長期契約になることの多い生命保険ですが、この金額をそのまま支払うと、その累計額は10年で420万円、20年では840万円になります。これは、幼稚園から大学を卒業するまでの、子ども1人分の教育費にも匹敵する金額です。

これほどの金額が家計から出ていけば、さすがにその後の暮らしにも影響します。たとえば住宅購入で、840万円を2％で30年間借り入れると、30年間の総返済額は1116万円。実に276万円も利息を支払うことになってしまいます。過大な生命保険は家計を圧迫し、他の支出にお金が流れなくなる大きな原因になります。これがいわゆる「保険ビンボー」です。

※生命保険文化センター「生命保険に関する全国実態調査」平成24年度

にもかかわらず、契約している保険の内容を理解している人は本当に少ないもの。ましてや、それがわが家に適切かどうか、判断できる人はさらに少ないでしょう。

そもそも勘違いしてはならないのは、生命保険が「入って安心」というものではないこと。保険は「死亡」「入院」など、いわば〝ホンモノのイザ〟でしか使えない非常用グッズです。非常時に備えることは大切なことです。ただしイザというときの過剰な安心感のために、私たちの日常生活が圧迫されているなら本末転倒。早急に見直さなければなりません。

22 夫には4000万円くらい死亡保障が必要なの？

サラリーマンか自営業者か？　借り家か持ち家か？　条件によって必要な保障は違う

死亡保障をどれくらいにしたらよいかは世帯によって異なります。夫には4000万円必要とは、一概にいえません。そもそも生計維持者が死亡すると、国から遺族年金が受け取れるので、残された家族の生活は、ある程度は国が支えてくれます。

ただ、職業により加入する年金は異なり、家族構成でも変わってくるため、夫の職業が自営業者、あるいはサラリーマンか、はたまた子どもがいるかいないか、あるいは何人かにより受け取れる遺族年金は変わってきます（51ページ以降参照）。

はっきりしているのは、サラリーマンの妻なら自営業者の妻にはない手厚い保障が得られるということ！　遺族年金は2階建てで、さらに勤務先から死亡退職金や弔慰金・見舞金等を受け取れることもあるのです。それでもこのことを本人も家族もまったく知らず、年間何十万円も自腹を切って生命保険料をたっぷり支払っている（しかも何年も！）方は少なくないようです。

また、マイホームを持っているなら、これも立派な保障です。住宅ローンの借り入れ時には、一部の例外を除いて団体信用生命保険への加入は義務。ローン返済中に本人（多くは生計維持者です）が死亡すれば保険金が支払われ、遺族には住宅ローンが残りません。

要するに「ウチの場合はどうなのか」を考えるのが大切なのです。さらに、何もかも自分で準備する必要はなく、国や自治体、さらに勤務先から受けられる保障を確認して、それでも不足する分のみ、自腹を切ればＯＫなのです。

おひとりさまでも生命保険には入るべき？

コストをかけてまで残したいお金があるか？　が判断の別れ道

「生命保険に入らなきゃ」というセリフ、昨今はおひとりさまを覚悟したシングル女性から聞かれるようになってきました。

しかしこの生命保険、何のため？　そして誰のためでしょうか？　そして、保険金の請求をするのは一体誰？

生命保険の契約がならわし化しているわが国では、内容はさておき、誰であっても「生命保険には加入するもの」とされてきました。保険の契約をすることが、一人前の証といわれるようなことすらあります。そのようなわけで、「今後のことをきちんとしておく」の一環として、生命保険契約が位置付けられているようです。

しかしながら生命保険は、本人死亡後に残された人が経済的に困らないために契約しておくものであって、そのためのコストも継続的にかかります。コストをかけても残さなければならないお金がある人のための、究極の非常用グッズが保険なのです。

よって自分の死後に困る人がいなければ契約する必要はありませんし、それはおひとりさまに限りません。

そもそも、暮らしの安定に加え、安らかな心持ちでいるためにも、自分のためにお金を貯めることがまずは大切。保険料の月3万円を20年間貯蓄すれば、タンス預金でも720万円に。これを毎月5万円ずつ使っても約13年（利率1％として）もつのですから、立派な老後の支えになります。まあ、その前に留学や起業、結婚など、人生の大どんでん返しの可能性も大。そのときもある程度のお金があれば、決断が鈍る……なんてことも避けられるのでは？

26 国民年金はもらえるかわからないし、保険料を支払わなくてもOK？

「年金」は老後のためだけではないことも知っておこう

「支払う」「支払わない」はそもそも、自分で保険料を納付しなければならない自営業者の問題。サラリーマンには関係ありません。なぜなら、国民年金保険料を含めた年金保険料が給与天引きされるサラリーマンに、支払わない選択肢はそもそもないからです。

ところで、「年金制度は老後だけのため」だと思っている人は少なくありませんが、これは大変な誤解。年金制度は現役世帯の「イザ」も大いに支えています。国民年金保険料を支払っていないと、イザというとき守ってもらえないのです。

その支えの一つが「障害年金」です。事故や病気で一定の障害が固定したと認定されると、一生涯にわたり年金を受け取れます。

一方の「遺族年金」は、家族を抱える生計維持者が死亡した場合、残された家族が状況に応じた遺族年金を受け取れるものです。

たとえば、障害基礎年金（1級）は年間約97万円。40歳のときに障害認定されたとすると、70歳までの受け取りはトータルで3000万円ほどに。遺族基礎年金は、子どもが2人いれば月10万円ほどですから、10年間受け取ればトータルで1200万円ほどに。いずれも、それなりに大きい金額になりますね。

「もらえるかどうかわからない」と悩む前に、これはそもそも国が私たちに給付を約束した公的制度なのです。国に年金制度を維持させ、さらに将来にわたり安心できる年金をきちんと支給させることについて、もっと関心を持つべきではないでしょうか。

28

若いうちから生命保険に入ればおトク？

「今の保険料」は安いけど、結果的に多額になりかねない

子どもの生命保険料が安い理由は簡単。死亡する確率が低いので、保険会社が保険金を支払う可能性が低くなり、保険料も当然安くなる。だから、別におトクというわけではありません。

契約するのが若ければ若いほど、むしろそれだけ保険料を長い期間にわたって支払うことにもなるわけで、結果的に多額の保険料を負担することにもなりかねません。

そもそも、わが子の死亡で生命保険金を必要とする、あるいは受け取りたいという親はまず、いないわけで、それなら子どもに生命保険契約をすることの意味とは何でしょう？

かつては、「結婚するときに生命保険を持たせてあげたい」といった親心だったのでしょう。病気になったら入れないから、今のうちに……とか。また20年ぐらい前は、保険でたまたま貯蓄ができた時代でもあったので、それはそれでアリ、だったか

もしれません。が、昨今の保険に貯蓄はまず期待できないのが現実です。

そもそも、わが子が結婚するかどうかもわかりません。昨今は家族の単身化が進んでいます。かつて標準世帯といわれた夫婦と子の世帯はすでに全体の3分の1以下に減少、一方で単身世帯は年々上昇、30代前半の男性の未婚率は約47％にものぼるのです。子どもの重荷になって「……コレ、やめていい？」となるのがオチかも……。

生命保険も子どもにかけるお金の一つに他なりません。何かとお金のかかる子ども関連費用。あるかどうかすらわからないニーズに備える生命保険は、極めて優先順位の低い支出です。

30 家計が苦しくても、保険はしっかり確保すべき？

保険よりも「すぐ使えるお金」が必要な事態も！

家計が苦しいということは、必要なところにお金が回らないということ。足元の家計はすでに、不測の事態すなわち、〝イザという状態〟に陥っているということになります。こうした家計の現実があるにもかかわらず、「保険のしっかり確保」はすすめられません。

そもそも、生命保険で解決できる不測の事態はかなり限定的なのです。確かに死亡や病気等の療養は、多くの人にとって「超」の付く不測の事態なわけですが、それ以前の家計の危機的状況はいくらでもあります。たとえば、失業、収入減、ボーナスカット、あるいは思わぬ教育費負担や老朽化などによる住まいの改修、親の介護……。

こうした事態に直面したとき、私たちに必要なのは、すぐ使えるお金と人脈、事態を乗り越えるための知恵や気合であって、死亡保険や医療保険は残念ながらそのとき役には立ちません。

それに、「超」の付く不測の事態には、生命保険に入る以前に国や勤務先による給付を受けられることも多いのです。まずは利用できる制度を踏まえ、生命保険料という固定費を抑えて。そして不測の事態下にある現在の家計の正常化を図りましょう。

死亡保障が必要となる期間を見極め、その期間だけ保障を確保する、保険金額をまめに見直す。これだけでも保険料は下げられます。見直しには少しは知識が必要ですが、減らしたお金で手元の貯蓄を殖やし、どのような事態が起きてもある程度乗り切れるようにしておきましょう。

保険に入れば入るほど、イザというときは安心？

保険は「無事支払われて」初めて安心できるもの

私たちのおサイフは無限ではありません。よって保険に入れば入るほど、つまり保険料を払えば払うほど、それ以外に使えるお金は当然少なくなります。そうなるとお金を貯めにくい家計となってしまうので、無駄遣いをしていないのになかなか貯蓄が殖えない「保険ビンボー」に陥りがち。それがわかっていても、イザというときたくさんの給付が受けられればそのときに安心できるから、という気持ちがあるのかもしれません。

しかしながら、保険に入っていれば、困ったときに常に給付を受けられるわけではないのです。保険金の支払いを受けられるのは、あくまでも保険会社の定めた「保険金の支払い要件」に該当したときだけ。保険は「入って安心」という感覚を抱きがちですが、本当に安心できるのは、保険金が無事支払われたときのはずです。

また、「生命保険料の負担は収入の1割程度なら適正額」と耳にすることもありますが、鵜《う》呑《の》みにすることはありません。このモノサシに従うと、年収１０００万円の人は１００万円、年収３００万円の人は30万円が適正額。しかし、多くの貯蓄がある世帯も、妻が働く世帯も、子どもがたくさんいる世帯も一緒くたで１割というのもおかしな話ですし、保険の種類が変われば保険料も変わります。

使うかどうかわからずにかける保険料コストはいわば、家計の「必要悪」みたいなもの。私たちの今の日常生活をまっとうし得なかったときの、ホントの最終的な支えにすぎません。入れるだけ入るのではなく、最小限の負担でできる限りの効果を追求すべきです。

34 入院したとき、医療保険がないとマズい？

まずは「公的医療保険」のしくみをよく知っておくこと

　別にマズくありません。保険証を使って治療を受けるなら、私たちが負担する医療費には1ヵ月あたりの上限額が設けられているので、一般的な所得の人の入院時の負担は、食事代を含めても10万円程度。これ以上の負担は私たち自身に発生しません。医療費に上限があるこのしくみを「高額療養費制度」といい、どの公的医療保険に加入していても給付を受けられます（69ページ以降参照）。

つまり、事前にどのくらいの医療費がかかるかは予測できるので、その分のお金が手元にあれば、まず心配はいらないのです。

　ならばどうして、みんながあんなに心配するのかと、疑問に思う人もいるでしょう。しかしながらこの制度、どういうわけかあまり知られていないのです。大量に流される保険広告の一方的な情報に惑わされないためには、私たちが得られる公的保障の内容を具体的に知ることが大切。それが家計を守ることに直結するからです。

公的医療保険の給付に加え、サラリーマンなら勤め先の健保組合や共済組合から上乗せ給付を得られる場合も。入院時の医療費自己負担が月2万円まで、というケースもあるので見逃せません。

そもそも保険は、イザというときまとまったお金を受け取れるよう、事前にわざわざお金を支払っておくもの。ある程度の貯蓄があれば、わざわざ保険料を支払って準備するまでもありません。

いずれの場合でも、病院窓口で一旦、医療費の支払いをすることになるので、保険で備える場合でも、病院窓口で支払う分のお金は最低限貯めておく必要があります。

医療保険があれば、医療費の備えはOKだよね？

医療費負担のほとんどは「通院」。そのとき医療保険は？

これは、本当によくある勘違いの一つです。「医療保険の加入＝医療費への備え」と思っている方は多いのですが、残念なことに、これらはイコールではありません。医療保険は、病気やけがで入院したときに保険金が支払われるのが基本的な保障内容。でも、最近病院に行ったときのことを思い出してみてください。

私たちが日常で受ける診療の大半は、歯科や風邪などで通う内科などの通院治療で、そのとき、私たちは現金で医療費の支払いをしています。医療費負担が発生するのは通院がほとんどにもかかわらず、そのとき、民間医療保険を使うことはできません。

また昨今では、がんなどの大病でも、入院せずに治療することが増えています。こうしたとき、入院給付が基本の医療保険は役立ちません。医療保険は、一定の入院を保障するものであり、医療費がかかったときの負担そのものを軽減するわけではないのです。

　さらにいえば、治療の実態は医療技術の進歩とともに常に変化していますから、公的医療保険もそれに伴い変化しています。しかし保険商品は常に、その後追いにならざるを得ない宿命を背負っているわけで、今は役立つ医療保険も、将来においてその保証はなく、医療保険さえあれば、いつでも、いつまでも医療費の心配はいらない、というわけにはいかないのです。

　医療保険は、あくまでも貯蓄が十分でない間の「入院時お助けグッズ」の一つととらえるべきであり、過剰な期待は禁物なのです。

収入が低い人ほど、医療保険が必要？

負担が重くなりがちなら軽減措置もある「公的医療保険」

ちょっと通院して診療を受け、医療費3割として数千円を支払ったとしましょう。同じ金額を支払ったとしても、所得が高い人と低い人では、その負担感には当然、隔たりがあるはず。「通院でさえこんなに大変なのに、入院したらもっと大変！」と感じるかも。

でも、1ヵ月の医療費負担には、所得に応じた上限額が3段階で設けられているので、さほど心配はいりません。

ひと月の医療費の上限は、8万円程度となる人が多いですが、住民税非課税世帯なら、上限は3万5400円。一方、税込み月収がおおむね53万円以上の人なら、15万円程度となります（70ページ以降参照）。

このようにわが国では、たくさん医療費がかかるような場合に、所得に応じた医療費の上限を設けて、負担が重くなりがちな大変なときこそ、家計が助かるようなしくみにしているわけです。

公的医療保険は、国民を守るための社会保障制度の一つです。健康状態に関係なく誰でも加入でき、あらゆる病気やけがの治療について、給付をいつでも受けることができます。給付だけでなく、保険料負担も所得に応じて変わります。所得が低い、病気が重い、あるいは長引くときには、負担が軽くなるよう考慮されています。

一方で民間医療保険は、営利企業である保険会社が提供している保険商品を、私たちが任意に保険会社と契約して買うしくみ。保険料は年齢や性別、あるいは健康状態によって異なりますが、保障を得るには所得にかかわらず保険料の支払い義務があります。給付内容は契約により定められ、すべての病気やけがの治療が給付対象とは限りません。

がんの治療費、毎月30万円かかるってホント？

ひと月あたりの上限を超えた医療費がすべて給付される「高額療養費制度」を知っておこう

「がんの通院治療費がひと月30万円もかかって大変。健康保険使っているのに……」などと耳にすることがあります。

ただ、医療費の自己負担にはひと月あたりの上限があるというのは前述の通り。上限を超えた医療費を負担しているなら、速やかに高額療養費の払い戻し手続きをしましょう。入院だけではなく、通院の場合ももちろん対象になります。手続きをすれば、払いすぎたお金は戻ってきます（69ページ以降参照）。

ところが残念なことに、払いすぎた医療費を取り戻せる高額療養費制度を知らずに、手続きをしていないケースも見かけます。

医療費が戻るというと、年末調整や確定申告で受ける「医療費控除」だと思っている人も少なくないのです。しかし医療費控除は、医療費を一定額以上負担した場合に、その額に応じて所得税を若干ディスカウントしてもらえるだけの話であって、負担した医療費そのものが戻るわけではありません。一方、高額療養費は、保険診療でひと月あたりの上限を超えた医療費がすべて給付されるしくみです。さらに、加入している公的医療保険で「限度額適用認定証」を発行してもらい、治療中に病院に出しておけば、入院、通院いずれの場合も窓口での支払いが自己負担上限額にとどまるので払い戻し手続きも不要です。昨今では、通院治療だけでも高額の医療費がかかることがありますから、このしくみを知っていると知らないとでは、イザというときに大違い、ですね。

先進医療のために、医療保険に入るべき？

利用するのはごくレアなケースだということを理解しておこう

わが国では、ほとんどのケースで公的医療保険を利用した診療を受けます。その場合は高額療養費制度がありますから、ひと月あたりの医療費は限られ、それほど医療費の心配はいりません。

一方、公的医療保険適用外の「先進医療」を受けるケースもまれにあります。保険会社のパンフレットに登場するようになり、実際にどのくらいの費用がかかるのか、気になる人も多いようです。

先進医療は保険外診療ですから、高額療養費の適用がなく、100％が患者負担。数万円の技術料のものもある一方、数はわずかですが、技術料の高いものも。「重粒子線治療（約300万円）」「陽子線治療（約260万円）」などがそれで、実際に受療すればこの患者負担は重いでしょう（いずれも病院により異なるため平均額）。

ただ、先進医療の〝夢のような最先端治療〟というイメージは大きな誤解です。今

※平成25年度厚生労働省の報告による

後、その診療を保険診療に含めるべきかの評価がまだ確立していない、いわば実験段階の〝技術〟というのが先進医療の実態。費用と効果が比例するわけではありません。また、受療すれば必ず病気が治るわけでもありませんし、先進医療を受けること、その結果、さらに費用負担についても自己責任の技術です。

「先進医療保障」がセットされた医療保険や生命保険の販売が盛んですが、がん治療でも、標準的な治療はほぼ保険診療で受けられるのだそう。そもそも先進医療を受けたのは、直近データで2万人程度（※）。現状では、ほとんどの人が先進医療保障を使わずに済んでしまうということです。

医療費負担のインパクトは?

知人が7日間の入院の2ヵ月後にまた10日間入院と、2ヵ月間に入退院を繰り返す大変な事態に陥りました。そこでそのときの医療費がどれくらいになったか、訊いてみました（情報公開は本人の承諾済みです）。

まず1回目の医療費。7日間の入院時は4万8840円、そして食事代が2340円（1回260円の9回分ですが病気の都合上、毎回食事は摂れなかった）、衛生上の理由で使用義務があるレンタルタオルが1日210円の7日分で1470円。総計で5万2650円の負担だったとのこと。そのほか、通院では6810円の負担をしていました。

そして2回目の医療費。10日間の医療費は8万2868円。「限度額適用認定証」を病院に提出していたため、病院窓口での負担は高額療養費適用後の最終的な負担額だけ。あとは食事代5460円（21回分）、レンタルタオル1890円（9日分）、手術時に必要な腹帯、T字帯、おむつがあわせて

3000円程度。雑費としては携帯電話が使えないので電話代1000円、テレビカード1000円。差額ベッド代は本人が希望しなかったのでかかっていません。入院関連費の総計は9万5218円、検査等で通院した分は別に7320円の負担だったそうです。

さて、以上2ヵ月間の医療費&雑費は16万円ちょっと。問題は、この金額をどう見るかでしょう。確かに入院は望まない不測の事態ですが、16万円程度の金額そのものは、長年にわたり保険料を負担して準備をしなければならないほど、家計にインパクトがあったとはいえないでしょう。その程度の支出ならいくらでもあります。冠婚葬祭、電化製品の故障、住宅の緊急改修などども、いくらでも起こりうる「不測の事態」。こんな時はしぶしぶではあれ、お金を払って対処しているのではないでしょうか。医療費を負担した知人によれば、「保険がなくても、貯蓄がちょっとあったら入院も困らないっていうのが実感」だそうですよ。

無料相談の成り立つワケは？①

昨今人気の「保険ショップ」。ショッピングモールをはじめ、街中いたるところに出店しています。「保険の無料相談ができるブース」ととらえている人もいますが、いうまでもなく保険ショップは複数の保険会社の商品を扱う代理店、つまり「保険を売る店」です。ウリである無料相談は、保険の販売手数料があるからこそ成り立つものであり、〝無料相談〟の利用は、店側に〝商談の機会〟を提供していることにほかなりません。利用者としては、その結果により保険を買わない選択肢も追求したいところですが、そうはいっても保険販売で成り立つ営利企業に対して、商品を売るなというのも無理な話です。

相談後に提案された保険への加入が、必ずしも個々の生活設計の問題解決につながらないことも知っておきたいところです。

第2章

これだけは知っておきたい！イザというときいくらかかるの？

㊙常識

【死亡保障編】

「モノ」の補償はほとんどないが、「ヒト」への保障は一通りある！

ごく普通の生活をしていても、私たちの身には本当にいろいろなことが起こります。その中には、家計にダメージを及ぼす出来事もあれば、そうでないこともありますが、ここでは前者について考えてみましょう。

家計にダメージを与える困ったことといえば、たとえば死亡や病気、失業、要介護、自然災害や自動車事故、火事などなど。まあ、いろいろなことが思いつきますが、これらを類別すると、以下の2つに分けることができます。

まずは「モノや賠償」のダメージ。これは、自然災害でマイホームや財産を失うとか、自動車事故その他で他人への賠償責任を負うことによる経済的ダメージのくくりです。

驚くべきことですが、マイホームや自動車などの高額な個人財産が災害などにより被災した場合でも、国や自治体からの支援は極めて限られたものでしかありません。

また、自動車事故その他で他人にけがを負わせたり、物を壊したりすると、被害者への賠償義務が生じますが、賠償額の事前予測は言うまでもなく不可能です。

こうした事故は、滅多に起こることではありません。ただ、一旦起きれば、貯蓄で対応するどころか、家計に壊滅的なダメージを及ぼす可能性すらあります。自力で対処するといっても、保険や共済に頼るしかないわけで、火災保険や自動車保険をどうしているのかはとても重要な問題。ところが、入ってはいるけど、後は知らないという方が少なくないのは、大いに気になるところです。

さて、もう1つは死亡や病気・失業な

●"ヒト"のリスクに対応する公的制度と民間保険はこんなにある！

ケース	公的制度	民間の保険
生計維持者の死亡	遺族年金	生命保険
障害者になる	障害年金	生命保険・傷害保険・介護保険
病気やけがの入院・通院	健康保険	医療保険・傷害保険
年を取る	老齢年金	個人年金保険
要介護状態	公的介護保険	民間介護保険
ひき逃げ被害	政府保障事業	傷害保険・医療保険
就業不能	健康保険（疾病手当金）	所得補償保険
失業する	失業保険	
仕事上のけがや病気	労災保険	医療保険・傷害保険

サラリーマンだけが受けられる給付も

ど、私たち自身のからだ、つまり「ヒト」に起きることで、家計にも及ぶ経済的ダメージのくくりです。こちらはモノや賠償のダメージと異なり、ほぼ何らかの公的制度が設けられています（上の表参照）。生計維持者の死亡には遺族年金、病気やけがの入院には公的医療保険からの給付があります。サラリーマンではさらに制度が手厚くなり、失業時あるいは病気やけがで働けない場合も所得の一部が保障されます。こうした給付を踏まえれば、より合理的な保障設計が可能です。

ところが、制度から得られる保障を知らないまま、手厚い生命保険や医療保険の契約をしている人が多いのも実状。必要なところがきちんとカバーされておらず、一方で必要のない部分がカバーされすぎているわけです。

これでは、リーズナブルなリスク管理ができているとはいえません。

サラリーマンと自営業者「すでにある死亡保障」はずいぶん違う

生計維持者の死亡で残された家族は、公的年金制度から遺族年金を受け取れます。ただ、職業によって加入する年金制度は異なります。そのため、サラリーマンあるいは自営業者のいずれかにより、受け取れる年金は変わってきます。

まず、生計維持者が自営業者だった場合、遺族に子どもがいる場合に限り、遺族基礎年金を受け取れます（55ページ参照）。

一方、サラリーマンの場合はいろいろな給付を受けられます。まず、残された家族はサラリーマンのための遺族厚生年金の支給対象となり、子どもがいれば遺族基礎年金も合わせて受け取れます。子どもがいない40歳以上の妻なら年金の加算もあります（52ページ参照）。

また、サラリーマンの場合には、遺族年金の他に、勤務先から得られる保障の存在

●サラリーマンの夫が死亡した場合の遺族年金の例

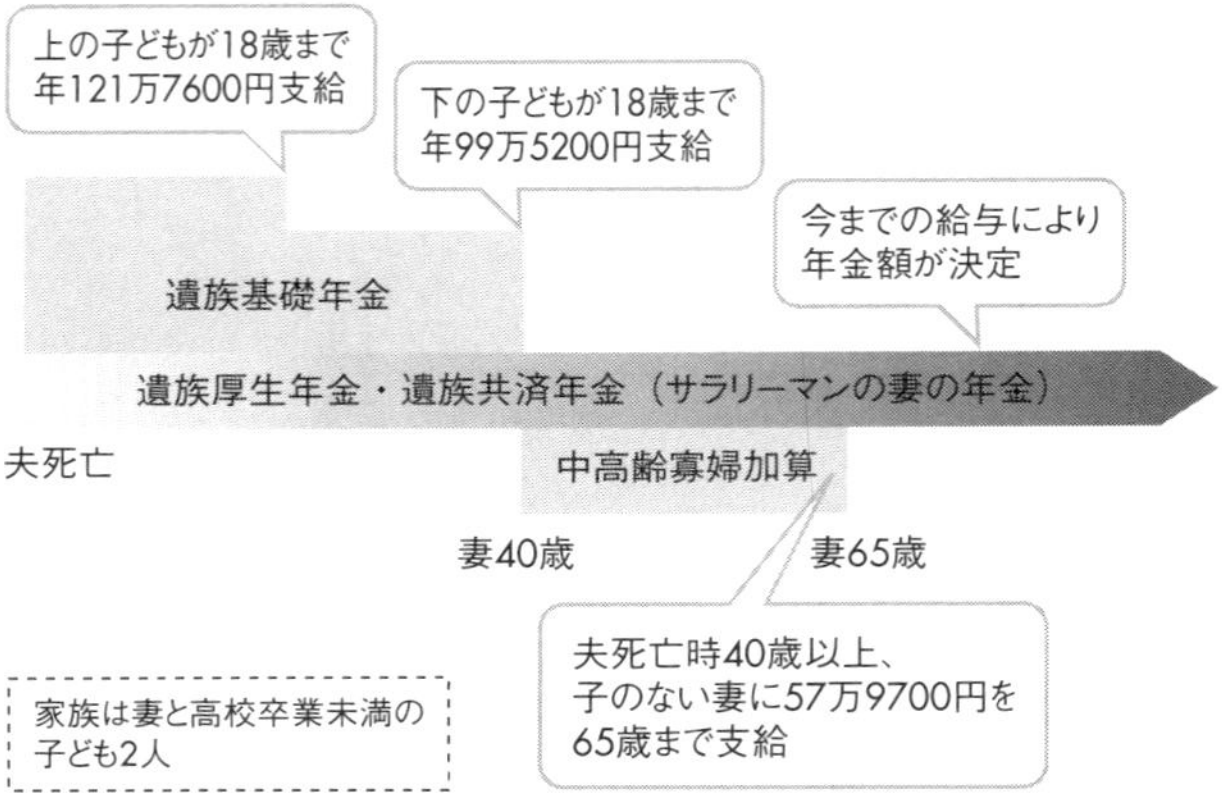

もぜひ知っておいてほしいものです。死亡退職金や弔慰金、遺児育英年金や見舞金など、勤務先の制度により異なりますが、どれもイザというとき、とても助かる制度です。会社からだけではなく、労働組合や互助会、健保組合など、いくつかの所属する組織から、それぞれ保障を得られることもあり、合計するとまとまった一時金になることもあります。

　何もしなくても得られるこれらの保障は、自営業者にはないサラリーマンの特権。見逃す手はありません。

遺族基礎年金は子どもの数に応じて増える

遺族基礎年金は、シングル親と子どもが遺族の場合に受け取れます。２０１４年４月からは妻死亡で、夫と子どもが遺族となった場合でも受け取れるようになっています。

金額は子どもの数に応じた定額ですが、物価変動に応じて毎年年金額が見直されます。遺族構成により異なり、親と子ども２人の場合は約１２２万円。３人以降は子どもの数に応じて加算があります。

一方、ひとり親の死亡で残されたのが子どもだけの場合は金額が下がり、子ども２人の場合の年金額は約１００万円。３人以降は、こちらも子どもの数に応じた加算があります。

遺族基礎年金は子どもの高校卒業でストップ!

年金上でいう「子ども」とは、18歳で最初の３月末を迎えるまでの人をいいます。つまり、高校卒業相当の時期までで、それまでは遺族年金が支給されるわけです。なお、子どもが障害等級１級または２級の場合には、20歳になるまで受給できます。

その年齢を越えますと、遺族基礎年金の支給はストップします。

たとえば、子どもが２人の場合、上の子が18歳になるまでは子ども２人分の年金１２１万７６００円が支給されますが、上の子が18歳を過ぎると、子ども１

●遺族基礎年金の受給額

遺族構成	子と妻が残され、受け取るケース	子だけが残され、受け取るケース
子ども１人	99万5200円	77万2800円
子ども２人	121万7600円	99万5200円
子ども３人	129万1700円	106万9300円
子ども４人目以降	129万1700円＋1人に付き7万4100円	106万9300円＋1人に付き7万4100円

人分の年金99万５２００円に切り替わります。さらに下の子が18歳を過ぎれば、遺族基礎年金の支給は止まります。

サラリーマンの夫を持つ妻は一生モノの保障がある

サラリーマンだった夫が死亡、その後妻が受け取れるのが遺族厚生年金です。年金額は生前の給与等によって決まり、妻が再婚しない限り、一生涯にわたり年金を受け取ることができます。

妻が働いていても受け取れます。収入要件はありますが、年収が恒常的に８５０万円以上でなければＯＫですから、ほとんどの人が該当するでしょう。

子どもがいれば、遺族基礎年金とダブルで受け取れます。子どもがいなければ（あるいは18歳以上になったなど）中高齢寡婦加算がプラスされ、自分の年金受給が始まる65歳になるまで、ダブルの年金が受け取れます。妻以外にも、子ども・両親・孫・祖父母の順番でもらえる権利がありますが、優先順位の高い人が受給すると、他の人はもらえません。年金額は「ねんきん定期便」で簡単に計算できます（58ページ参照）。

自営業者、子どもがいないと遺族年金はもらえない

夫が自営業者の場合、対象となる遺族年金は遺族基礎年金だけ。そのため、子どもがいなければ遺族年金はもらえません。専業主婦でまったく所得がなかったとしても、です。

子どもがいなかった場合に受け取れるのは、わずかに12万～32万円の死亡一時金のみ。夫が自営業者、妻が専業主婦ですと、残された妻の経済的リスクはとても高いのです。

死亡一時金に代えて、寡婦年金を受け取れることもありますが、ハードルは高いですね。

そもそも年金を受け取れるのは60歳からの5年間だけ。多くても60万円程度の年金額で、夫による生計維持がなされていたこと、10年以上の婚姻関係があったこと、さらに、死亡した夫が25年以上国民年金に加入していて、障害基礎年金や老齢基礎年金の支給を受けていないなどの要件を満たさなければなりません。

年金保険料を支払っていないと遺族年金はもらえない

なお、国民年金保険料を滞納していると、そもそも遺族基礎年金を受け取ることができませんので注意が必要です。

原則として、保険料を支払った期間と保険料免除を受けていた期間の合計が、本来年金に加入すべき期間の3分の2以上あることが必要です。たとえば、現在30歳の人が、20歳から5年間は保険料を支払っていたとします。ところがその後、25歳から30歳までの5年間にわたり保険料の滞納をしていた場合、全体の3分の1を超え、半分が滞納期間ということになります。こうなると、妻が専業主婦であろうと、さらに子どもが何人いようと、遺族基礎年金を受け取ることはできなくなってしまうのです。

ただし、保険料の納付要件には特例もあります。平成38年3月31日までに死亡した

●遺族厚生年金は「ねんきん定期便」で計算

ねんきん定期便　この「ねんきん定期便」は、平成　年　月　日時点の年金加入記録に基づいて作成されております。
ご不明な点や記録に「もれ」や「誤り」がある場合は、「ねんきん定期便・ねんきんネット専用ダイヤル」にご連絡ください。

照会番号　　（照会番号は、お問い合わせの際に必要となります）

1　これまでの年金加入期間（共済組合の加入記録は含まれておりませんので、各共済組合にお問い合わせください）

国民年金			厚生年金保険	船員保険	年金加入期間合計（未納期間を除く）
第1号被保険者（未納期間を除く）	第3号被保険者	国民年金 計（未納期間を除く）			
月	月	月	❷　月	月	月

※老齢年金受給には、原則として３００月以上の年金加入期間（未納期間…の重複加入期間を除く）が必要です。

2　これまでの加入実績に応じた年金額（今後の加入実績により年金額は増加します）

(1)これまでの加入実績に応じた老齢基礎年金額	(年額)　円
(2)これまでの加入実績に応じた老齢厚生年金額	(年額)　❶　円
これまでの加入実績に応じた老齢年金額【老齢基礎年金・老齢厚生年金 合計】	(年額)　円

※老齢厚生年金額には、厚生年金基金から支給される額（代行部分のみ）も含まれています。
※年金額が表示されていない場合は、期間が重複している年金加入記録がある場合などですので、お近くの年金事務所にお問い合わせください。

・上記の年金額を、仮に20年間受給した場合は　　円になります。
（60歳まで加入した場合等の年金見込額は「ねんきんネット」で試算できます）

（参考）これまでの保険料納付額

(1)国民年金（第1号被保険者期間の保険料納付額）	(累計額)　円
(2)厚生年金保険（厚生年金保険被保険者期間の保険料納付額）	(累計額)　円
これまでの保険料納付額【国民年金・厚生年金保険 合計】	(累計額)　円

※国民年金の保険料納付額は、加入期間当時の保険料額を使い、付加保険料は含め、前納は割引額を控除し、追納は加算額を加算して計算しています。
※厚生年金保険の保険料納付額は、加入期間当時の標準報酬（月）額を基に、当時の保険料率を使い、以下の前提で計算しています。
・被保険者と事業主が折半して負担していますが、ここでは、被保険者本人が負担した額について計算しています。
・厚生年金基金加入期間は、免除保険料（事業主が厚生年金基金に納付する保険料額）を除いて計算しています。
（裏面「最近の月別状況です」の保険料納付額も同様に計算しています）

※このマークは、音声コードです。
目の不自由な方には、お一人おひとりの年金記録に関する情報を音声で聞くことができます。

さらに詳しくご自身の年金記録をご確認いただく場合は、「ねんきんネット」（裏面参照）をご利用ください。

【50歳未満】

遺族厚生年金額＝これまでの加入実績に応じた年金額❶
×(300月／これまでの加入期間❷)×3/4

【50歳以上】

遺族厚生年金額＝これまでの加入実績に応じた年金額❶×3/4

場合には、直近の1年間に保険料の未納期間がなければ、遺族基礎年金の受給ができることになっています。

収入の都合でどうしても年金保険料が支払えないのなら、市区町村役場で免除申請をしましょう。免除申請をしておけば、その期間は保険料を支払ったものとみなされるので、遺族基礎年金が受け取れないといった困ったことにはなりません。

数千万円の死亡退職金も！ サラリーマンは「退職金規定」を調べよう

在職中の従業員の死亡に「死亡退職金」を支給する会社は少なくありません。金額は規定次第で異なりますが、本人の在職年数や給与、職階などに応じた退職金額を定めているところや、自己都合退職時と同額の退職金額としているところなどがあります。会社によっては数千万円の死亡退職金になることもありますので、個別に調べることが大切です。

また、会社からだけではなく、労働組合や互助会、健保組合など、いくつかの所属する組織から、それぞれ給付を得られることも。弔慰金や見舞金、死亡一時金など名称はいろいろですが、それぞれ、数万円から数百万円程度を受け取れることが多いようです。

極めつきは「遺児育英年金制度」です。亡くなった本人に高校卒業前など一定年齢の子どもがいる場合に、その子どもが18歳など一定年齢になるまで、子どもの年齢に応じた月額数万円程度の見舞金が継続的に支払われる制度です。子どもが小さいほど、子どもの数が多いほど、総額での受け取りは大きくなります。

「ウチの会社にはそんな保障はない」と決め付けず、一度調べてみましょう。名称はそれぞれですが、会社の「福利厚生のしおり」、健康保険組合の「健保ガイドブック」「組合のしおり」などに載っています。社内イントラネットにアクセスして調べられる会社もあります。

小さな会社であっても、地域の商工会などの団体が実施する互助会などに加入している場合もあり、死亡時や入院時などに、各種の見舞金・給付金などを受け取れることもあります。

「働き者の妻がいる共働き世帯」はハイリスク

そもそも遺族年金は、収入を確保しにくい未亡人を支えるために作られた制度です。そのため収入があることを前提とされた男性を支えることについては、あまり考えられていませんでした。

しかし、今日では家族のあり方は多様化しています。かつての多数派である働く夫と専業主婦の妻で構成される世帯は年々減少しており、昨今では共働き世帯が一般化しつつあります。しかし、妻死亡により夫が受給できる遺族年金は夫死亡時と比べ極めて限定的なので、世帯収入における妻の収入の割合が高ければ高いほど、より重大な経済的ダメージが生じることになってしまいます。

そこで２０１４年４月より、これまでは母子または子だけが対象だった遺族基礎年金の制度が見直され、父子家庭にも支給されることになりました。残された夫（または妻）の収入が、妻（または夫）死亡時に８５０万円未満であれば、働いて収入を得ていても、遺族基礎年金を受給することができます。

ただし、見直されるのは遺族基礎年金だけで、遺族厚生年金は現行制度のまま。夫死亡時に妻が受け取る遺族厚生年金は、妻死亡時夫が55歳以上でない限り対象になりませんし、中高齢寡婦加算も言うまでもなく対象外です。

妻死亡。ただし子どもは遺族年金を受け取れる

夫は受け取りにくい遺族厚生年金ですが、一方で子どもが受け取ることはできます。同居している夫、あるいは親権者等の収入要件はありませんので、子ども自身が就学中などで収入要件（恒常的な年収８５０万円）に引っかからない限り、遺族厚生年金を必ず受け取ることができます。

遺族厚生年金の支給は子どもが18歳まで続きます。子どもが複数いる場合には、遺族厚生年金を子どもの数で均等に分割し、それぞれの子どもが受け取ることになります。

このことは意外に知られていないようです。私が確認をとった日本年金機構でも、このケースで本当に年金が支給されるのか、確認に手間取っていました。

昨今では共働き家庭がスタンダードですから、こうしたケースもあり得ること。本当に困ったときに請求モレなどしないよう、しっかり覚えておいてください。

遺族年金は夫死亡後、いつからもらえる？

遺族年金の手続きをしてから年金が支払われるまで、おおむね3～4ヵ月かかります。ただし、遺族年金は死亡日の翌月から支給が始まるので、そこからの分は当初まとめて支払われます。遺族基礎年金と遺族厚生年金の両方がもらえる場合には、別々でなく一緒に支払われます。

年金支給は2月・4月・6月・8月・10月・12月の偶数月の年6回で、それぞれ前2ヵ月分が15日に支払われますが、初めて年金が支給されるときには、支払月以外の奇数月でも支払われることがあります。

手続きには、年金裁定請求書の他、死亡した人の年金手帳、戸籍謄本や住民票の写し、請求する人の源泉徴収票などが必要です。

シングル親は、死亡保障確保に先立ち「後見人探し」を

シングル親世帯・標準世帯のいずれであっても、公的保障を踏まえて保障設計をすることに変わりはありません。子ども1人の場合、年間約77万円の遺族基礎年金、会社員なら遺族厚生年金も合わせて18歳まで支給が受けられるので、それらを踏まえて

私的保障を考えます。

「たくさん残してあげないと」などといわれることもあるシングル親ですが、大金を不用意に残せば、むしろ子どもをトラブルに巻き込む可能性があります。お金とともに子どもを誰に託すのか、つまり後見人や親権者についてもセットで考えておかなくてはなりません。

未成年の子どもの財産管理や身上監護は、ふだんは親が行いますが、いなくなれば代わってそれを行う人が必要です。つまり、子どもは保険金を受け取る権利がありますが、そのための手続きには親権者や後見人が必要になるのです。

遺言によって後見人が指定されていなければ、子どもや親族などが申し出て、家庭裁判所が後見人を選任することになります。

子どもだけが残される場合、遺族年金や保険金を、確実に受け取るための準備がより欠かせなくなるのです。

おひとりさまが死亡したら、遺族年金は誰がもらう？

遺族年金は、生計を維持している人が死亡したときに、残された家族に支払われるもの。扶養家族のいないシングルが死亡した場合には、遺族年金は誰にも支払われません。本人に両親がいても、別居・別生計の場合には遺族年金は支払われないのです。

一方、同居・同生計だった場合には対象になるケースも。たとえば、サラリーマンだった本人に55歳以上の両親がいた場合、両親は遺族厚生年金の対象となります。ただし、支給は60歳からで、自分の年金があればいずれかの選択となります。自分の年金額のほうが多いなら、遺族年金を選ぶ人はいないでしょう。

なお、本人が自営業者だったなら、死亡一時金（12万～32万円）の支給対象となります。

ともあれ、対象になるのは一定の親族だけですから、おひとりさま生活をともにしている親友やシェアメイトが受け取ることはできません。

ただし、事実婚の関係にある内縁の妻には認められる場合もあります。

住宅ローン返済中の死亡、ローンはなくなる

わが国の持ち家率は6割程度。多くの人は住宅ローンを組んでマイホームを取得し

ますが、融資する民間金融機関では一部の例外を除き、団体信用生命保険への加入を融資の条件としています。そのため、住宅ローン返済中に本人が死亡・高度障害状態になると、ローン残高分の生命保険金が銀行に支払われ、残された家族にはローンが残らないしくみになっています。

現役世代の多くの世帯において、住居費は最も大きな家計支出です。ただマイホーム世帯の場合、イザというときにはこの分の支出が家計からなくなるため、家計支出は減少の方向に大きく変化します。つまり、マイホームを買ったら、生命保険を減らすことができるのです。

【医療保障編】

「○○さん、この間2週間入院して、病院で50万円も支払ったんだって」

「がんの治療費は年300万円もかかるって」

こういう話、本当によく耳にします。

こうした話を聞くと、「私も入院したらどうしよう……」と不安になるもの。あわてて医療保険に入っちゃった、という人も少なからず。あなたも心当たりがありませんか？

わが国では、少子高齢化がハイスピードで進んでいます。そのため、将来の医療費負担が重くなるのではと、若い人でも保障が一生途切れない終身医療保険の契約をするケースは少なくないようです。

確かに、病気やけがで入院したり、治療が長引いたりして家計が厳しくなることは、今が厳しいご時世だけに、もちろんこれから先も、どうにかして避けたいのが人情でしょう。

何もしなくても、あなたにはすでに保障がある

でも、あわてて保険に入る前に知っておいてほしいことがあります。それは、私たちはすでに、医療保険に入っており、すでに保障があるということ。それは「公的医療保険制度」による保障です。

わが国の公的医療保険は職業別に分かれていて、私たちは職業に応じた公的医療保険制度に加入します。会社員は健保組合や協会けんぽなどの「健康保険」。自営業者は「国民健康保険」。そして公務員は「共済組合」に加入しています。

公的医療保険に加入していれば、病気やけがで治療を受けることになったときでも、原則として医療費の3割の負担で済むようになっていることはご存じのはず。でも、それだけではありません。高額の医療費がかかったときや病気やけがで仕事ができないとき、家族がそろって病気になって、医療費がたくさんかかったときなど、困ったときに実にさまざまな給付を受けられるようになっているのです。

健康保険はかなりアテになる

あたり前のように加入している公的医療保険ですが、得られる給付が意外にも手厚

いことを、知らない人は少なくありません。ゆえに医療費に対して不安を持つ人は少なくないのです。

さらに、私たちが困ったとき、所得が少ない、病気が重いときなどには、負担が軽減されるしくみにもなっています。つまり陰ながら私たちの暮らしを支えている、かなり「アテになる」制度なのです。

はっきりいえることは、公的医療保険制度が何をしてくれるのかを知っているのと知らないのとでは、その後の家計に本当に大きな違いが出てくるということです。いくら私たちの暮らしに役立つよいものでも、そもそもその使い方を知らなければ、それが持つメリットを享受することはできません。

エ？　どういうこと？　と思う人も多いと思います。そこで、以下、順を追ってわかりやすく説明していきますので、おつき合いください。

入院しても医療費は月9万円程度しかかからない

保険証を用いて診療を受ける限り、私たちが負担する医療費には上限額が設けられています。一般的な所得の人の1ヵ月あたりの上限は9万円程度。医療費負担が3割

●70歳未満の高額療養費　所得ごとの自己負担上限額

	ひと月（暦月）あたりの医療費自己負担の上限
住民税非課税世帯	3万5400円
一般	8万100円＋（医療費の総額－26万7000円）×1％
上位所得者	15万円＋（医療費の総額－50万円）×1％

医療費が100万円かかっても8万100＋（100万－26.7万）×1％＝8万7430円 9万円程度しかかからない！

※上位所得者とは、健康保険加入のサラリーマンの場合、月収53万円以上の人。国民健康保険加入者の場合、基礎控除後の総所得が年間600万円以上の人。
※所得区分（現行3段階）は平成27年から細分化の見込み。

でも、1ヵ月あたりの上限を超える分は給付を受けられます。入院して1ヵ月の医療費が100万円かかろうが、300万円かかろうが、はたまたケガの入院だろうが、がんの入院だろうが1ヵ月9万円程度の負担で済むようになっているのです。

これが公的医療保険の「高額療養費制度」で、医療費の備えを考えるうえで前提となる制度です。「ひと月あたりの上限額を超えて医療費はかからない」と、まずは覚えてください。

高額療養費には所得に応じて3段階の上限があり、所得に応じて負担は軽くなります（表）。

自己負担上限額を超えて医療費を負担したなら、加入している公的医療保険の窓口で過払い分の医療費の払い戻し手続きをします。戻りは3～4ヵ月先になります。

なお、高額療養費の自己負担上限額は、平成27年から現行の3段階よりさらに細分化の方向で見直される見込みです。

●限度額適用認定証の見本

健康保険限度額適用認定証

平成　年　月　日交付

被保険者	記号		番号	
	氏名			男・㊛
	生年月日	大正・(昭和)・平成　年　月　日		
適用対象者	氏名	被保険者本人		男・女
	生年月日	昭和・平成　年　月　日		
	住所			
発効年月日		平成　年　月　日		
有効期限		平成　年　月　日		
適用区分		B		
保険者	所在地			
	保険者番号	2175		
	名称及び印			

「限度額適用認定証」があれば、3割負担も不要！

治療中に「限度額適用認定証」を病院の窓口に提出しておくと、病院では所得に応じた自己負担限度額だけの支払いで済みます。これなら払い戻し手続きも、払い戻されるまでの資金繰りもいりません。必ず取り寄せましょう。

限度額適用認定証は、自分の加入している公的医療保険制度で発行を依頼します。国民健康保険なら市区町村役場、健保組合加入の人は健保窓口、協会けんぽの人はコールセンターに請求を。本人がすでに入院しているなら、保険証があれば家族が請求するのもＯＫ。有効期限は最長1年間です。

なお、平成24年4月1日からは、通院治療の場合でも、限度額適用認定証を利用できるようになっています。

家族の医療費も合わせ、負担はここまで

高額療養費は、1レセプト（＝診療報酬明細書。病院が保険請求をするときの医療費を計算するための明細書です）ごとの上限です。したがって、個人単位、入院・通院別、医療機関別にそれぞれ上限が設けられます。

そうはいっても、ときにお父さんが胃潰瘍で入院、次の週には長男がけがで入院……といった大変なことが一家に起きれば、いくらひと月あたりの上限があっても、医療費の負担は重くなってしまうでしょう。

そこで、こうした大変なときに家計負担が重くなりすぎないしくみが高額療養費の「世帯合算の特例」。同じ月内に医療費の自己負担額が2万1０００円以上となる家族

がのべ2人以上になったら、それぞれの医療費を合わせた金額で高額療養費が適用されます。同じ月内のお父さんと長男の入院はもちろん、長男の入院と通院がそれぞれ2万1000円を超えたときとか、1人の受診でも、内科と外科など複数の診療科目で受診をして、それぞれ自己負担が2万1000円を超えたときも、それらの合計額で高額療養費の上限が適用されます。

なお、この場合の「家族」とは、同じ公的医療保険に加入している場合です。よって健康保険の扶養に入っている家族ならOK。一方、共働き夫婦がそれぞれに異なる健康保険に加入している場合はNGです。

知らないとメリットが得られない制度です。「わが家は呪われている……」と嘆く前に、加入している公的医療保険の窓口で速やかな手続きをしましょう。

治療が長引いたら医療費負担は軽くなる

医療費の自己負担に上限があるとはいえ、治療が長引けば、負担が重くなる可能性もあります。たとえば、がんは病気の特性上、入退院を繰り返したり、再発で通院が長引くこともあります。こうしたケースで、過去1年間以内に高額療養費に該当する

●自己上限額が下がる「多数該当」の特例

	12ヵ月間に 高額療養費該当月が4回以上
住民税 非課税世帯	2万4600円（…3回目まで3万5400円）
一般	4万4400円（…3回目まで8万100円＋α）
上位所得者	8万3400円（…3回目まで15万円＋α）

月が4回以上になると、月あたりの上限額が下がります。

これが「多数該当の特例」。「世帯合算の特例」と同様、保険証上の家族に該当する人なら、4回までの高額療養費に誰でもカウントでき、1人だけで4回にならなくてもOKです。ただし、該当4回目から自動的に自己負担の上限が下がるわけではありません。やはり自分で手続きすることが必要です。

70歳以降の高額療養費は現役時代より手厚くなる

70歳以降は、高額療養費がさらに手厚くなります。難点は、しくみがややこしくなるところ。前期高齢者（70～74歳）と後期高齢者（75歳～）に分かれ、さらに自己負担上限額の区分は「外来限度額」と「外来＋入院の限度額（世帯ごと）」に分かれます。たとえば一般の場合、夫の通院治療にかかわるひと月の自己負担限度額は1万2000円ですが、同じ月に妻が入院すると、4万4400円までがその世帯の自己負担限度額になります。ただし、前期高齢者と後期高齢者の医療費の合算はできません。

なお、低所得者なら、通院でも使える限度額適用認定証の発行が受けられます。早めに市区町村役場に申し出ましょう。

健保組合や共済組合加入だと「医療費は月2万円まで」の場合も

高額療養費はどの保険にもある法定の制度ですが、サラリーマンの勤務先の健康保険、たとえば健保組合や共済組合で、さらに独自の上乗せ給付を行っているところもあります。

そのひとつが「高額療養費付加給付（＝一部負担金の払い戻し）」。医療費自己負担分の一部に給付を受けられるもので、医療費の自己負担額はさらに低くなります。

●70歳以上の高額療養費

区分	現役並み所得者 ※70歳以上2人世帯で課税所得145万円以上かつ年収621万円以上（単身世帯は484万円以上）	一般 ※住民税課税で現役並み所得がない場合	低所得者Ⅱ ※住民税非課税世帯で低所得者Ⅰでない場合	低所得者Ⅰ ※住民税非課税世帯かつ世帯所得がない場合。年金収入の場合、単身世帯収入80万円以下、70歳以上2人世帯・収入160万円以下など
窓口負担	3割	1割※		
通院（個人単位）	4万4400円	1万2000円	8000円	
通院＋入院（世帯単位）	8万100円＋（医療費総額−26万7000円）×1%（多数該当〈年4回以上〉:4万4400円）	4万4400円	2万4600円	1万5000円

※平成26年4月以降に70歳になる人については、70歳になる誕生月の翌月（各月1日が誕生日の人はその月）以降の診療分から窓口負担は2割になります（70〜74歳までの間）。

健康保険により給付される金額は異なりますが、たとえば1ヵ月あたりの自己負担額の上限が2万円と定められている場合、2万円を超えた金額は健康保険からの給付を受けられます。つまり、入院しようが、それが長引こうが、ひと月あたりの自己負担は2万円まで（※）。これを知っているのと知らないのとでは、保障に対する考え方がまるで変わってくるはずです。

一旦は法定の自己負担をして、後から払い戻しを受けますが、手続きを自動的にしてくれるところと、そうでないところがあります。

その他、けがや病気で働けないときに受けられる「傷病手当金」（85ページ参照）の金額の上乗せや期間延長、あるいは入院時の食事代に対する補助、差額ベッド代に対する補助などを給付するところもあります。

給付内容は、勤務先から配られる「福利厚生ハンドブック」「健保ハンドブック」、ホームページで給付内容を見られるところもあります。

ただし、協会けんぽにはこうした上乗せ給付はありません。一口にサラリーマンといっても、加入する健康保険によって、医療費の負担も変わってくるのです。

※1レセプトごと

「医療費控除」と「高額療養費」は別物です

医療費に関連する制度に、「医療費控除」があります。これを高額療養費と混同している人が少なくないようですが、これはまったく別物。医療費控除の手続きをしても、過払いの医療費は戻ってきません。

医療費控除は、本人または同生計の家族が1年間に10万円以上の医療費を負担したときに、「昨年は医療費がたくさんかかって大変だっただろうから、税金を少し安くしてあげましょう」という制度。支払った所得税がディスカウントされるだけのことです。

「手間の割には戻りが……」という経験をした人も少なくないと思いますが、年収600万円の標準世帯が負担している所得税は、ざっくりいって17万円程度。そもそも、支払った所得税以上にお金が戻るわけはありません。

医療費控除の対象となるのは、原則として1年間で使った医療費が10万円以上の場合です。ただし、高額療養費から戻ってきたお金とか、民間医療保険から受け取った入院給付金などは差し引かれます。

なお、共働きの夫婦で、加入している公的医療保険が別々であっても、かかった医療費を合計して申告することができます。よって、所得税をたくさん支払っている人が申告したほうがトクになります。

手続きは税務署で。サラリーマンであっても年明けから行われる確定申告で行います。医療費の領収書や交通費などの明細書、源泉徴収票や印鑑などが必要です。過去5年分についてはさかのぼって申告もできます。

過払いした医療費は自分で手続きしないと戻らない

これまで見てきたように、保険証を使って診療を受けるなら、医療費は一定額までに抑えられ、さらに入院や治療が長引いたりして、家計からの医療費負担が大変なときには、負担額がより軽減されるようなしくみもあります。

知っているのと知らないのとでは大違い。イザというときも、知っていればあわてずに済むはずです。

ただし、注意しなくてはならないのは、こうした制度があっても、医療費が自動的に軽減されるわけではないことです。わが国は「申請主義」。原則として、給付を受ける人が申請をすることで、初めて給付を受けることができるのです。

なお、高額療養費の払い戻し手続きは、請求権発生後2年以内に行わないと時効に。それ以降は払い戻しが受けられなくなります。過去の入院などで心当たりがある場合には、速やかな手続きを。

高額療養費の手続きは組合しだい、お知らせ通知は自治体しだい

それでも、健保組合や共済組合の場合、高額療養費の払い戻し手続きを、自動で行ってくれるところもあるようです。「入院したら、何ヵ月かたってから、会社からお金がたくさん振り込まれていた」という経験がある方もいるでしょう。その場合はラクチンですね。ただし、すべての組合が行っているわけではないので、加入する組合に確認をしましょう。

一方、国民健康保険に加入する自営業者や協会けんぽに加入するサラリーマン（会社が手続きしてくれる場合もあります）は、原則として自分で申請する必要がありま す。

協会けんぽの場合、高額療養費に該当すると通知がきますが、国民健康保険の場合は自治体しだい。通知がくるところとこないところがあります。ただし、通知が届く

と、届いた時点から2年間時効が延び、手続きは2年猶予されます。そうはいっても、入院から何年もたてば、入院時の領収書その他の書類はどこかへ行ってしまっているかも……。いずれにしても、速やかな手続きが大切ですね。

還付金詐欺にご注意を。「過払い医療費戻します」は真っ赤なウソ！

振り込め詐欺や還付金詐欺は、一向に収まる気配がありません。その手管は巧妙になるばかり。こちらもだまされないよう、心して臨む必要があります。

まず、はっきり申し上げておきますと、「あなたの払いすぎた医療費を戻しますので、手続きをしてください」という電話が役所からかかってくることはありません。そもそも、払い戻しを受けられるケースに該当しても、該当通知を出していない自治体も少なくありません。

前述したように、わが国で給付を受けるには、自分で手続きをするのが基本です。こうした詐欺にだまされないためには、高額療養費やその手続きについて大まかな知識があることが不可欠。知っていれば「そんなに戻るはずはない」といったツッコミを入れられるはず。そもそも、ウマい話は向こうからなどやってきません。制度を知ることで、詐欺からも身を守りましょう。

入院時の食事代は別枠で1食260円

入院時の食事代は、高額療養費には含まれず、別枠の負担になります。ただ、1回あたり、260円なので1日あたり換算は780円。さらに20日間の入院で、3食すべてを食べたとしても、1万5600円ということになります。自宅での食費はかからなくなっているわけですし、さほど大きな負担にはならないでしょう。

また、前年の所得が一定額以下の場合には、食事代の負担は軽減されます。入院90日までは食事1回あたり210円、90日を超える入院ですと160円に軽減されます。

差額ベッド代は患者が望んだときだけかかる

「医療費そのものに上限があることはよくわかった。でも、心配なのは差額ベッド代……」

という人は少なくないようです。差額ベッド代は保険診療外の費用で、各病院が自由に価格を決めています。厚生労働省の平成24年の調査によれば、1日の料金は50円から最高36万7500円なのだとか。病院による料金差が大きく、実際にいくらかかるのかは、その場にならないとわからないものです。

そもそも差額ベッド代は、大部屋よりも環境に配慮した「特別室」でかかるのですが、1病室4床以下で、一定の広さや設備を整えているなどの基準があります。ただし、保険診療を行う病院の場合、全病床の50%までしか差額ベッド代を設定できないルールがあるので、病床の半分は差額ベッド代がかかりません。自治体設置の病院などでは、差額ベッド代の設定割合はもっと少なくなっています。

さて、大事なのはここからですが、差額ベッド代は、患者が望んで入ったときしかかかりません。入るかどうかは、あくまでも患者自身が決められることであり、治療の必要がある、空き部屋がないなど病院側の理由で、患者が同意していない場合には、病院側が差額ベッド代を求めることはできません。

厚生労働省からは、差額ベッド代の徴収に関して、病院を監督する地方厚生局などに通知が出されています。それによると、病院が差額ベッド代を請求できるのは「病院が患者に十分な情報提供を行ったうえで、患者が希望し、同意書に署名したとき」。「治療の必要があって差額ベッド代のかかる部屋に入院させる場合には、病院側は差額ベッド代を請求してはいけない」とされ、関係者に周知徹底をはかることを求めています。

ただ、このルールは周知徹底されていないのが現実のようです。病院側からすれば、病院の厳しい財政事情に対処するための一つの〝苦肉の策〟が差額ベッド代なのでしょう。

そのような現実があるからか、ベッド代を巡るトラブルもしばしば耳にします。入院することになったとき、あなたが差額ベッド代のかかる部屋を望まないなら、安易に同意書に署名するべきではありません。望まないことを病院側に率直に伝え、代替案がないか話し合いを持つことが必要です。それでもトラブルになってしまったら、サラリーマンは厚生労働省の各地方厚生（支）局へ。自営業者は都道府県の国民健康保険担当課へ相談してみましょう。

サラリーマンは病気やけがで休んでも「就業不能保障」がある！

●傷病手当金と障害年金

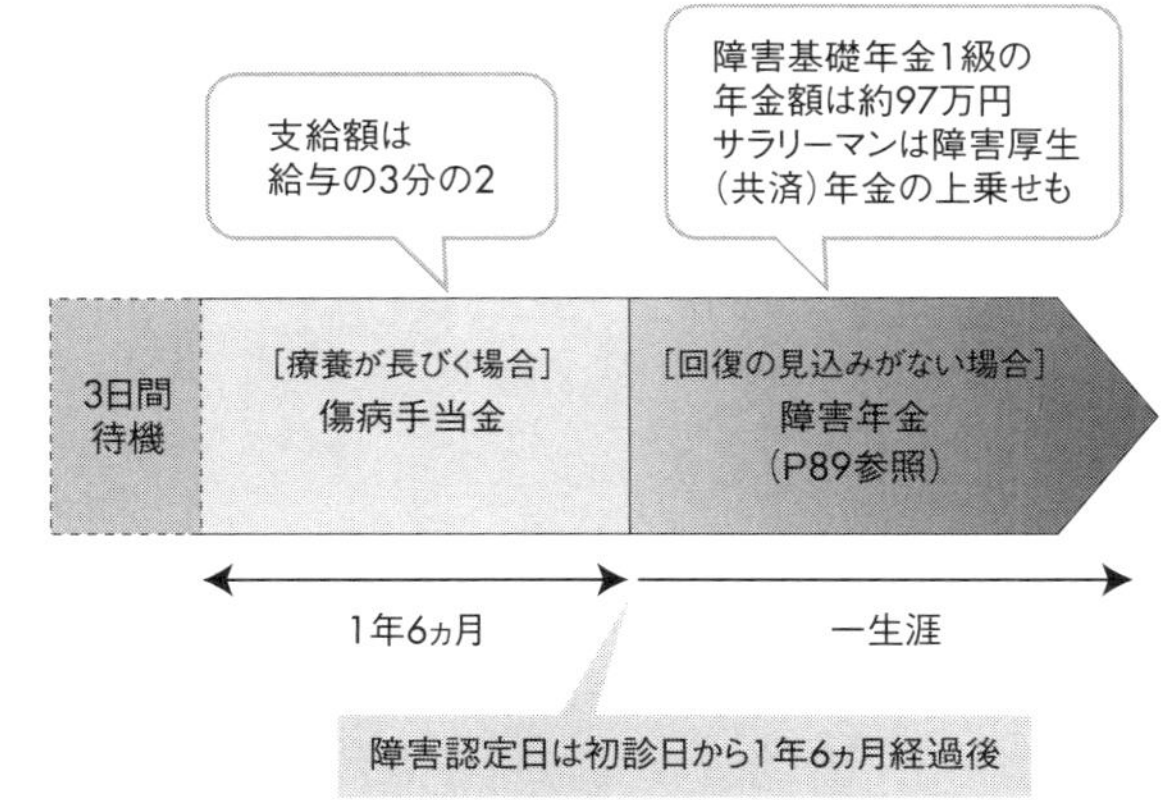

勤労収入で暮らす現役世帯にとって、病気やけがで働けなくなることはより深刻な問題です。

ただし、会社員や公務員にはすでに休業補償があるので、働けなくなってもすぐに無収入にはなりません。ご安心を。

それが健康保険や共済組合からの「傷病手当金」です。業務外の病気やけがで仕事を休み、連続4日以上欠勤扱いとなったら、最長1年6ヵ月まで給付を受けられます。1日あたりの法定の給付金額は、平均日給（標準報酬月額の30分の1＝「標準報酬日額」といいます）の3分の2です。

健保組合や共済組合によっては、さら

に上乗せ給付が受けられることも。給付金が1・25倍（つまり、日給の8割以上の給付）になったり、給付期間がさらに長い2年になることも。

残念ながら、自営業者が加入する国民健康保険には、傷病手当金はありません。サラリーマンは守られているのです。

仕事上のけがでは医療費はかからない

一方、業務上のけがは労働災害に該当します。労働災害には労災保険が適用されるので、仕事上でけがをしても、私たちに医療費負担が発生することはそもそもない、ということです。

けがをしたときに受けられる労災からの給付を「療養補償給付」といいます。検査・入院・手術・薬代など、けがが治るまで、すべての医療費が無料になります。

けがの療養のため働けない場合には、「休業補償給付」が受けられます。4日以上欠勤した場合に支給され、支給金額は労災発生日以前3ヵ月間の賃金総額の6割ですが、さらに休業特別支給金が加算されるので、休業補償給付は80％になります。

その他、障害が残った場合の「障害補償給付」、死亡した場合の「遺族補償給付」

など、労災にはいろいろな給付があります。

最近では、認定基準は細かいものの、過労死や過労自殺も労災として認定されることがありますので知っておいてください。

労災に該当するような事故が起こったら、事業主は労働基準監督署へ速やかに報告をしなければならない義務があります。

にもかかわらず、事業主が報告を怠っていたり、トラブルになりそうな場合には、労働基準監督署に労災手続きの相談にいきましょう。本人だけでなく、家族が相談にいくこともできます。

所得が一定額以下のシングル親は、医療費がかからない

18歳までの子ども（障害のある場合は20歳未満）をひとりで育てている父母で、所得が一定額以下の場合、本人と家族の医療費の自己負担分の助成を受けられます。これが「ひとり親家庭等医療費助成制度」で、原則3割の自己負担が、住民税が課税されている場合は1割に、非課税の場合は無料になります。さらに高額療養費でも、70歳以上のしくみが適用されます。

市区町村により入院時の食事代を助成するところも。医療費の心配はしなくて済みそう。

手続きは市区町村役場の担当窓口で行います。「児童扶養手当」の所得要件と同じなので、該当すれば同時に受給できます。

生活保護を受けると、医療費負担がなくなる

憲法で保障されている「健康で文化的な最低限度の生活」を営むための、最後のセーフティネットが「生活保護」。国が生活に困っている国民に対し、その困窮の程度に応じた必要な保護を行い、自分の力や他の方法で生活できるように手助けをするものです。

生活保護が適用となると、医療費は医療扶助から支払われることになり、医療費の負担はなくなります。

国民健康保険に加入している場合は、保険からは一旦脱退します。社会保険に加入している会社員の場合は脱退はしないのですが、いずれの場合も自己負担分に医療扶助が適用されるので、必要な医療はすべて無料です。

指定難病は医療費の助成を受けられる

病気の中には、未だ治療法が見つからず、原因不明の難病もあります。そのうち、国と都道府県が指定した特定疾患については、医療費の自己負担に対して助成が受けられます。つまり、難病の治療にかかる医療費については、自己負担限度額が低く抑えられるわけです。

自己負担の限度額は、所得と生計維持者であるかどうかで決まります。入院と外来それぞれに月額限度額が設けられていますが、最も負担が重い場合でも、入院は2万3100円、外来(通院)は1万1550円で、住民税非課税の場合、入院・外来ともに医療費はゼロです。医師から対象となる特定疾患であるとの診断を受けたら、保健所で手続きをし、医療証の発行を受けます。

なお、平成27年1月からは医療費助成の対象となる疾患を大幅に拡大、新たな難病医療費助成制度が確立される見込みです。

回復の見込みのない障害には、一生モノの「障害年金」が

けがや病気で治療が長期化、1年6ヵ月を超えても回復の見込みがない場合には、

●指定難病の自己負担額上限

生計中心者の所得階層区分	対象者別の一部自己負担の月額限度額		
	入院	外来	生計中心者が患者本人
市区町村税が非課税の場合	0円	0円	0円
前年の所得税が非課税の場合	4,500円	2,250円	左欄により算出した額の1/2の金額が自己負担限度額となる
前年の所得税課税年額が5,000円以下の場合	6,900円	3,450円	
前年の所得税課税年額が5,001円以上15,000円以下の場合	8,500円	4,250円	
前年の所得税課税年額が15,001円以上40,000円以下の場合	11,000円	5,500円	
前年の所得税課税年額が40,001円以上70,000円以下の場合	18,700円	9,350円	
前年の所得税課税年額が70,001円以上の場合	23,100円	11,550円	

※　平成27年1月から新たな難病医療費助成制度が確立される見込み。

国から「障害年金」を受け取れる可能性があります。障害が続いている限り、一生涯受け取れます。

自営業者は障害基礎年金を、給与所得者なら障害厚生年金（公務員は障害共済年金）も合わせて受け取れます。

身体欠損の他、重い内臓障害や精神障害でも受給できる場合があります。障害1級の場合の障害基礎年金額は年額96万6000円、2級の場合は77万2800円で、サラリーマンの場合はこれに給与に応じた障害厚生年金が上乗せされ、扶養している家族がいる場合にはさらに上乗せがあります。

なお、障害年金は働いて収入があっても受け取れ、全額が非課税。税金はかかりません。

サラリーマンには、けがや病気になってからしばらくは傷病手当金（85ページ参照）が支給されますが、それも1年6ヵ月でストップ。1年6ヵ月を超えても回復の見込みがない場合には、障害年金の認定手続きをしましょう。

●65歳以下でも介護保険が適用となる特定疾病

1. 筋萎縮性側索硬化症
2. 後縦靭帯骨化症
3. 骨折を伴う骨粗鬆症
4. 多系統萎縮症
5. 初老期における認知症
6. 脊髄小脳変性症
7. 脊柱管狭窄症
8. 早老症
9. 糖尿病性神経障害・糖尿病性腎症・糖尿病性網膜症
10. 脳血管疾患
11. パーキンソン病関連疾患
12. 閉塞性動脈硬化症
13. 関節リウマチ
14. 慢性閉塞性肺疾患
15. 両側の膝関節又は股関節に著しい変形を伴う変形性関節症
16. がん末期

介護保険の給付も利用できる

65歳になっていなくても、16種類の特定の病気が原因で要介護状態となった40歳以上の人は、介護保険から給付を受けることができます。

介護サービスを受けるには、まず市区町村に申請して介護認定を受けます。そのうえで、介護認定度に応じた月額利用限度額の範囲内で、どのようなサービスを受けるのかの「ケアプラン」を介護の専門家であるケアマネージャーに作ってもらい、利用します。利用したサービスの費用の1割が利用した人の負担です。

なお2015年8月からは、所得の高い人の自己負担が2割にアップする見込みです。

入院日数は年々短くなってきた

昨今、入院日数は年々短くなってきています。国の方針として、通院でできることは通院で、という医療費抑制の流れもあるからです。

がんなどの大病でもそれは例外ではなく、先日、講演に行った先で「親戚が通院によるがん治療を受けているが、健康保険を使ってもひと月に20万円もの自己負担になっている。負担を軽減する方法はないか」とのご質問をいただいたこともあります。

この場合ももちろん、通院も高額療養費の対象ですから、払い戻し手続きをすれば、自己負担上限額を超えた分は戻ってきますし、限度額適用認定証を出しておけば、ひと月あたりの自己負担上限額までの負担のみで、払い戻し手続きも不要です。

とはいえ、毎月となれば大変です。多くの人は、こんなときこそ医療保険で自己負担分を補ってもらいたい、と考えるかもしれませんが、民間の医療保険は、入院保障が基本。一部のがん保険を除き、通院保障がある場合でも、それは入院前後の一定の通院に限られるケースがほとんどです。常に変わりゆく医療技術や治療実態に、加入した医療保険がタイムリーにマッチするとは限りません。

民間医療保険の加入は必ずしも医療費負担の軽減にはつながりません。やはり貯蓄が現実的な医療費の備えのベースと考えたほうがよさそうです。

子どもが学校でけが！　でも医療費の給付がある

幼稚園や保育園、あるいは小学校や中学校などの義務教育、高校など、学校の管理下で子どもがけがを負った場合には、「災害共済給付制度」によって医療費や傷害・死亡給付金の給付を受けられます。学校の管理下というと、登下校、授業中、遠足などのイベントなどに起こった事故が対象となりますが、学校にその責任があるかどうかにかかわりなく、給付金が支払われます。これは、「独立行政法人日本スポーツ振興センター」による公的給付。学校や父母などが負担して賄われている助け合いのシステムで、ほとんどの学校で実施されています。給付金の手続きは学校を通して行います。

第3章

保険と保障の「これって、どっちがおトク？」

国民年金を「支払う」vs.「支払わない」

月額1万5250円の国民年金保険料を支払うと、年金額約77万円の終身個人年金保険に加え、障害保障（最高年金額約97万円！　しかも終身）、収入保障保険（子ども2人で年間約122万円！）の3つに契約したのと同じ効果がありま す。健康状態や年齢にかかわらず、一律負担でこれだけの保障。民間保険会社では難しいでしょう。国民年金保険のおトクさは一目瞭然です。

もちろん、ソン・トク以前に公的年金制度はわが国の社会保障制度であって、制度加入も保険料の支払いも日本に住む人の義務。支払わない選択肢は実はありません。

にもかかわらず国民年金保険料を支払わないでいると、もちろん、これらの保障は得られません。老齢・障害・死亡と超ド級の不測の事態において、土台となる収入が失われるわけですから、これはかなり大変なことに。

もし、収入の都合で保険料を支払えないのなら、免除申請の手続きを。そうすればイザというときも、保障を受けられないということは起こりません。なお、保険料滞納には、財産差し押さえによる強制徴収のしくみもあります。ご注意を。

貯蓄で備える vs. 保険で備える

保険はそもそも、貯蓄では負担しきれない大きな経済的ダメージを回避するため、事前にコストを負担し契約しておくものです。よって、保険を用いるのが合理的なのは、貯蓄での対応が困難な、災害による家屋の損害や賠償リスク、生計維持者の死亡など、いずれも数千万円レベルの巨大経済リスクです。

一方、支出が限定されるリスクなら、貯蓄での備えが合理的です。たとえば入院。一般的な所得の場合、必要となるお金は食事代も含め月10万円程度が上限。保障をアウトソーシング、つまり保険に頼るまでもなく、家計で対応することも可能でしょう。保険に入れば、もちろん

入院保障が得られますが、たとえ入院しなかったとしても、そのためのコストである保険料は、家計から長年にわたり確実に支出され続けることになります。

貯蓄で備えた場合、入院すれば残高は減りますが、保険料負担はそもそもゼロ。何もなければ残高はそのまま残り、どのような経済的リスクにも対応することができます。

貯蓄が心許ないなら、割安な保険料で備える一方で、貯蓄に励んで。ある程度の貯蓄ができたら、保険は卒業しましょう。

終身医療保険 vs. 10年医療保険

終身医療保険は、保障切れがなく、契約した保障内容が一生涯続く医療保険で、しばしば若い人も加入しています。ただ20代の人ですと、60年以上の契約期間になる可能性もあり、超長期であるゆえ、注意しなければならない点もあります。

民間医療保険は、公的医療保険の給付を補完する手段です。しかしながらその土台である公的医療保険は、社会・経済、人口動態などを踏まえ常にその形を変えてきており、今後もそれは同じでしょう。だとしたら現在の制度に基づいた保険商品がこれから数十年以上先も、現在と同じように役立つのでしょうか。ま

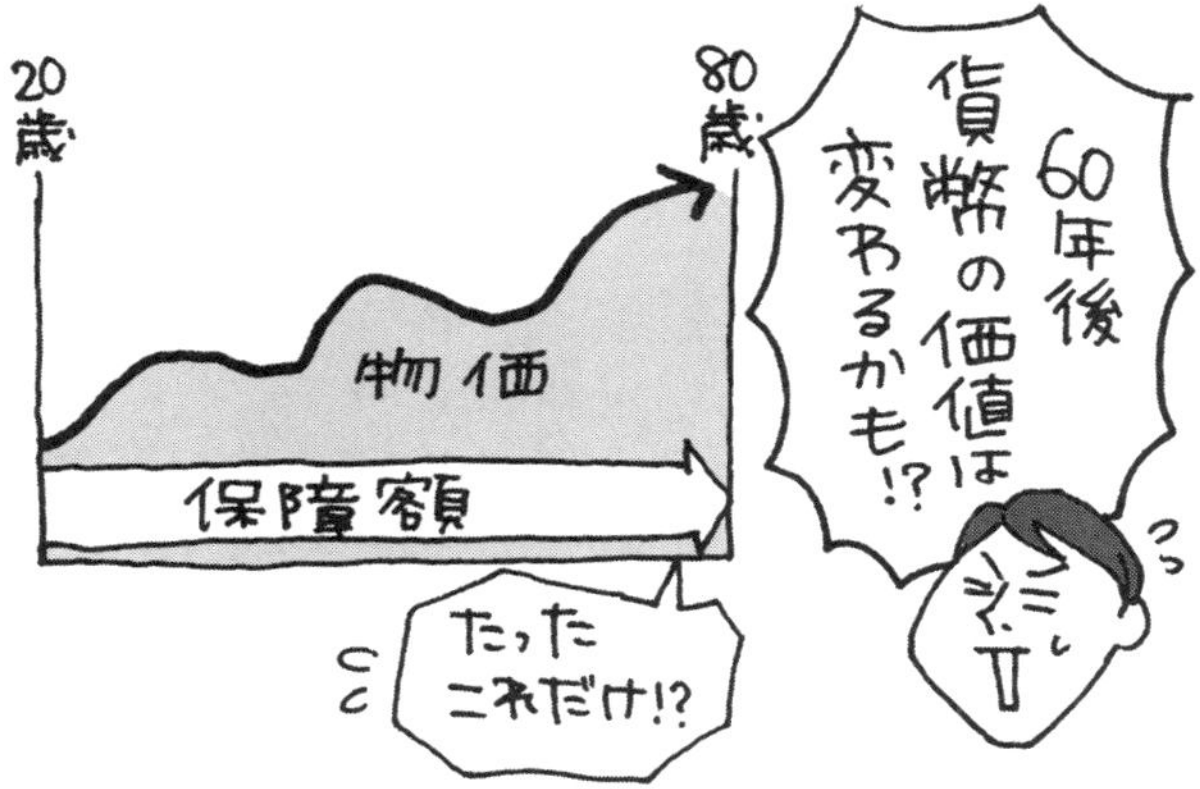

た、定額の入院給付金は、一見安心なようで、物価変動に対応しないリスクがあります。そのため、将来インフレが起これば、給付金の価値は目減りを起こす可能性があります。

一方で、保険期間が10年の医療保険の場合、期間が短い分、契約者が保障陳腐化のリスクを負うことはないでしょう。

そもそも、保険は一生頼るようなものではなく、貯蓄ができるまでの補完策なのです。10年医療保険の安い保険料を、貯蓄が積みあがるまでのつなぎとして利用するほうが効果的です。

収入保障保険 vs. 定期保険

決まった期間での死亡に、一定の保険金が支払われるのが定期保険ですが、一時金ではなく年金で支払われるのが収入保障保険。たとえば、月20万円の保険金額を設定すれば、保険期間満了までそれが支払われるといった形です。

定額の保険金を毎月受け取れますが、保険金の総額は死亡時期により変わってきます。死亡時期が保険期間満了に近いほど、トータルの保険金受給期間は短くなりますから、保険金の受取総額も少なくなります。そのため、常に一定額を保障する定期保険よりも保険料は安くなります。

保険金受け取り時はいずれも相続税の

課税対象になりますが、これまで収入保障保険から受け取れる毎月の保険金には、所得税もかけられていました。これが法律で禁止されている二重課税ではないかと裁判で争われていましたが、２０１０年７月６日の最高裁判決では、所得税を課すのは違法として国側が敗訴となっています。

そのため税務は大きく変わり、収入保障保険の保険金を受け取った一定の人は、納めすぎた所得税の還付を受けられます。詳しくは国税庁ＨＰへ。

終身保険 vs. 10年定期保険

終身保険のしくみは、いわば超長期の養老保険です。満期保険金はありませんが、男性は106歳、女性は109歳になると、解約返戻金が保険金額と同額になるように設計されています。貯蓄性があるとはいえ、それは非常に緩やかなわけで、さらに、終身固定される予定利率は現在、史上最低水準。それが低い貯蓄性にさらに追い打ちをかけているのです。

そもそも保険料が高いのですから、まとまった保障を割安に確保するには向きません。解約返戻金をもとに介護保障や年金に移行できるのがメリットとされますが、移行時の解約返戻金が十分でなけ

れば、当然、ショボい保障しか買えません。

一方で10年など短い期間の定期保険には、貯蓄性はありません。決まった期間の死亡だけの保障が目的です。生きている間にお金を受け取るしくみでない分、同じ保険金額でも、保険料は終身保険よりも安くなります。大切なのはココ。貯蓄と保障を両方得たいなら、それぞれの手段を分けることです。定期保険で割安に保障を得ながら、そのときの経済環境の下で、最も有利な金融商品でお金を貯めていくのが得策です。

通販の保険 vs. 営業職員から買う保険

かつては、営業職員を通じてすることが多かった生命保険の加入ですが、現在ではセキュリティの問題から営業職員が企業に入れなくなり、20代・30代は生命保険に未加入の人が多いのだとか。こういう人たちが結婚して「保険でも入るか～」と思ったとき、最初に起こす行動がネット検索だそうです。

そのようなわけで、ネットや通販を通じて契約する直販タイプの生命保険も増えてきています。営業職員が販売する大手生保の商品と比較すると、商品性はシンプルでわかりやすく、同じ保険金額・保険期間でも保険料はおおむね割安。人件費織り込み済みの営業職員が売る保険

に対し、直販タイプにはそれがありません。また売り込みに閉口する人にとっては、自分のペースで契約できる直販タイプの保険は気楽でしょう。

ただ、直販タイプの生命保険であっても、提供する情報に売り込みは当然混じるものです。ポイントは、与えられた情報を鵜呑みにせず、わが家にどの程度保険が必要か、公的保障や勤務先の保障を踏まえて自分で考えること。いくら直販タイプでも、過剰に買っては割安な保険料のメリットは生かせません。

若いうちに加入 vs. 必要になってから加入

若いうちに契約するほうが、生命保険料は安くなります。それは、生命保険が死亡の確率から保険料を算出するからで、いうまでもなく若者の死亡率は低く、年齢を重ねるごとに死亡率は高くなります。こうしたデータを反映して、年を重ねるごとに生命保険料も高くなるわけです。

どのくらい違うのか、ある終身保険の例で検証してみましょう。保険金額500万円の場合、男性の月払い保険料（終身払い）は、20歳だと5475円、40歳で9170円となります。こうみると、確かに40歳は20歳の4割増しですから、ずいぶん高くなりますね。こうした比較

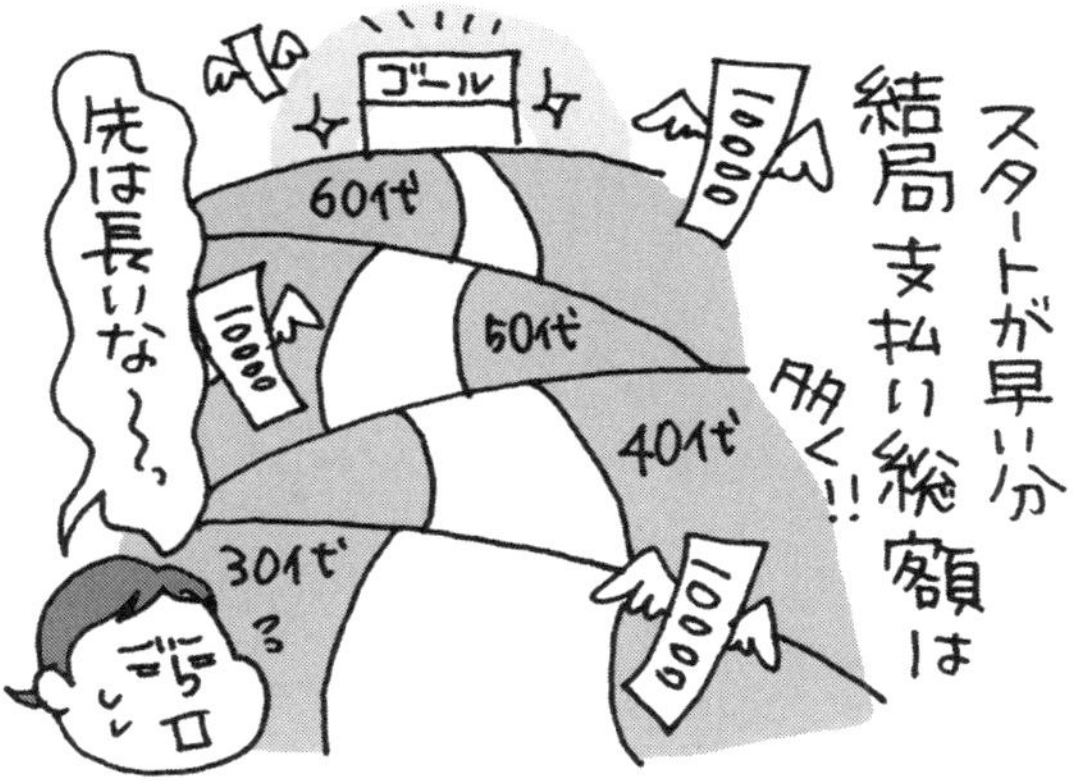

をみると、「若いうちに入ったほうがおトクかも」と思ってしまうかもしれません。

ところが、60歳までの総支払保険料を比べると、20歳だと約２６３万円、40歳では約２２０万円と、40万円以上の差が生じるのです。

終身保険や養老保険といった貯蓄型保険は、子どものために親が契約することも多いよう。しかし、若いうちに加入すればおトクというわけでありません。子ども自身が必要としたとき、必要な期間の定期保険に入れば保障としては十分です。

貯蓄型保険 vs. 掛け捨て型保険

掛け捨て型の保険料は、保険会社運営の経費に充てるための付加保険料と、将来の死亡保険金に充てるための死亡保険料だけで構成されています。一方、貯蓄型保険は保険料が高くなることが多いのですが、それはこの2つに加え、満期保険金等に充てる生存保険料が上乗せされているためです。

貯蓄型保険だからといってすべてが積み立てられているわけでもありません。付加保険料は必ず掛け捨て、死亡しなければ死亡保険料も掛け捨てになります。つまりどんな保険にも掛け捨て部分があり、貯蓄型保険がおトクではないのです。

それでも予定利率の高い時期に契約した貯蓄型保険には、貯蓄として有利なものもあります。予定利率はいうなれば保険料の割引率なので、同じ100万円の満期保険金でも予定利率が高いほど契約者が支払う保険料は安く、貯蓄性が増します。

ところが、現在は超低予定利率の時代。同じ100万円の満期保険金でも高い保険料の支払いが必要に。貯蓄型保険を用いれば家計負担が大きくなり、しかも貯蓄としての効率はイマイチ。得策とはいえません。

学資保険 vs. 積立定期預金

学資保険は、教育費づくりの王道とのイメージが色濃いもの。20年以上前に契約した学資保険は、確かに有利で、加入は〝旬〟でした。有利な時期に利用した親御さんたちの成功体験が、次世代にも引き継がれ、学資保険神話はいまだ健在。

さて、教育資金の積み立ては、誕生直後から始めれば、20年程度の時間が確保できることになります。20年間のうちには、金利も株価も上下しますから、その時々で有利な商品も変わります。これからより有利に教育資金を貯めるのが目的なら、学資保険は残念ながらおすすめではありません。

なぜなら、保険はいわば長期固定金利型商品。20年前に契約したものは、その後どれほど予定利率が低下しようが、高利回りを全保険期間固定できた一方、超低予定利率の現在、これから金利が上がろうが、株が上がろうが、20年近い全保険期間にわたり、低利を固定することになってしまいます。

来《きた》る金利上昇・株価上昇の波に乗り、有利にお金を貯めるなら、銀行の積立定期預金でコツコツ貯め、資金がまとまりしだい、その時々のより有利な商品に預け替えていきましょう。

共済 vs. 保険

保険以外の保障手段として、都道府県民共済や全労済、コープ共済等の認可共済もあります。不特定の人を対象にする保険に対し、共済は加入した組合員だけが利用でき、運営は厚生労働省の認可を受けた非営利の生活協同組合が行っています。

保障が一定額までなど限定的な面もありますが、保険と比べても遜色はありません。単品でも2000万〜3000万円程度の死亡保障確保も可能と十分。入院保障は1入院180日と長めのものが多く、医療保険にある通算限度日数はありません。

ともあれ、共済の最も魅力的な点は割

安な掛け金です。共済金の支払いが予測より少なければ、決算での剰余金が割戻金として還元されるため、実質的な掛け金はさらに低減します。

こうした共済の強みは、もっと積極的に生かすべき。「保険はあるけど、共済もちょっとプラスしとくか」ではなく、共済を組み合わせて土台の保障づくりをすると、コストは大幅減。不足があるときには逆に必要な分だけ生命保険をプラスするのです。この方法なら、貯蓄も無理なくできるはずです。

「日帰り入院から」vs.「入院5日目から」

現在、各社の主力商品として売られている医療保障は、日帰り入院や1泊2日など、短期入院も保障する商品です。7日とか、5日以上の入院を対象とする医療保険はもとより、初期入院の保障がない共済も今では少数派になっているようです。

まあ、契約者としても「どうせ入院するんだから、給付金は日帰りからもらいたい」と思うのは自然な気持ちでしょう。

ただ、考えてみますと、保険は大きな経済的リスクにわざわざコストを払って備えるものです。その趣旨からみると、日帰り入院の保障は備えの優先度の低い

ものでしょう。保険で備えなければならないほど支出は大きくなりにくい一方、数日の入院なら医療保険から受け取れる入院給付金はわずかです。

そして保障が手厚い分、保険会社が支払う給付金は確実に増えます。その分、事務コストもかさむことになり、短期入院を保障する医療保険の保険料は、そうでないものよりも当然割高になります。見た目はおトクでも、契約者メリットは実は少ないのです。短期間の入院を保障しないタイプの医療保険でも、新商品にわざわざ乗り換えるまでもありません。

118 がん保険 vs. 医療保険

医療保険は、病気やけがの治療のために入院したとき、給付金が受け取れる保険です。病気やけがの種類は問われません。

ただし、1回の入院についての給付限度日数、および保険期間を通した給付日数の上限である通算限度日数が設けられているため、上限を超えて給付金を受け取ることはできません。

一方のがん保険。がんは他の病気と異なり、再発や転移を繰り返すケースがあり、治療が長引くことも。長期間にわたる治療や投薬を受けることになれば、医療費負担が重くなるかもしれません。

そのため、がん保険では入院給付日数

に上限が設定されていません。入院が長引いたり、繰り返し入院した場合でも、制限なく入院給付金が支払われます。また、がん診断一時金がセットされていれば、治療開始当初にまとまった資金を受け取ることができます。使い道は自由ですので、当座の医療費に充てる他、たとえばかつらやサプリメントなど、医療費以外の必要な費用に充てることもできます。この2点には一般の医療保険にはないメリットがありますね。ただし、契約してから90日間にがんが見つかると、契約は無効になります。

120

告知の緩い保険 vs. 告知のある保険

生命保険の契約時には通常、私たちは健康状態の告知をし、年齢や健康状態に応じて保険料を負担します。一方で、告知の緩い、病気の人でも入りやすい保険もあります。

ただ病気の人でも加入しやすい保険ということは、加入者の死亡や入院の確率はそもそも高く見積もられているわけで、通常の告知をする保険よりも保険料は高くなります。

ある終身保険商品。60歳男性の場合、月払い保険料は1万382円、病気死亡時の保険金額は200万円です。

ただし契約から1年経過前の病気死亡では保険金が100万円に減額され、一

方で契約から17年目には、払い込んだ保険料の総額が病気死亡時の保険金額を超えてしまうのです。

入るときは簡単、なおかつたくさんの保険金まで受け取れる商品はありません。営利企業である保険会社が取り扱うわけですから、入った多くの人に保険金を支払うようなことになるのでは、商品としては当然、成り立ちません。

本当に保障が必要と考えるなら、告知の緩い保険に飛びつく前に、まずは告知のある通常の保険から検討しましょう。

会社のグループ保険 vs. そうでない保険

終身保険に特約満載、あるいは手厚い終身保障……。こうした保険料の高い生命保険に、私たちは慣れすぎているようです。「保険料が高い＝いいもの」と思いがちですが、「みんなが買っているもの＝いいもの」とは限りません。

生命保険の場合、どこで入ろうと受け取れる保険金は同じ「お金」。同じ保険金額を確保できるなら、保険料はできるだけ安いほうが、そして利用する私たちにとってわかりやすいもののほうがいいに決まっています。

こうした要件を満たすのがグループ保険です。1年更新で死亡保障・医療保障のみなどシンプルな保障で、団体のメリ

ットを生かした安い保険料は、資産形成の足を引っ張りません。お金が貯まれば保険は卒業。だからずっと続かなくてよいのです。

自営業者であるとか、勤務先にグループ保険がない場合は、直販型が取り扱うシンプルな定期保険を利用するといいでしょう。

なお、直販型の生命保険の中には、グループ保険のように1年ごとに更新するタイプのものも販売されています。1年契約が基本の共済を組み合わせるのもおすすめです。

124

ボーナスが出る保険 vs. ボーナスが出ない保険

保険でいうボーナスとは、「生存見舞金」とか「お祝い金」といわれるもので、高齢者や女性向け医療保険などにセットされています。たとえば10年間の保険期間中に入院すると入院給付金が、入院しなければ10万円程度のボーナスがもらえる、といったもの。でも、おトクなわけではありません。ボーナスが出るとはいえ、これは「サービス」などではないからです。

保険料は、確率に基づき計算されます。どのくらいの加入者が入院するかの確率から医療保険料が計算され、一方で入院しない確率からボーナスの保険料も計算されているのです。

ボーナス付きの保険は、医療保障を受けるための保険料と、ボーナスをもらうための保険料の両方を払うことになるので、ボーナスなしより割高です。保険料を余分に支払い、それを後から自分でもらっているのがボーナス付き、というわけ。

そもそも、入院しないことを前提に、割高な保険に入るのもおかしな話。医療保険の目的は入院時の備えのはずです。

支払う保険料と受け取るボーナス、掛け捨て型を比較して、電卓を叩き冷静に検証をしましょう。

女性向け医療保険 vs. 普通の医療保険

女性特有の病気を手厚く保障する「女性向け医療保険」をしばしば目にします。女性特有の病気を手厚く保障、さらにボーナス付きなどおトク感を持たせる商品が多いようです。

とはいえ、女性特有の病気だからといって、医療費負担が増すわけではありません。健康保険証を用いて治療を受ける限り、医療費の負担は他の病気と変わりません。入院時の医療費への備えも、他の病気と同じように考えればＯＫ。帝王切開や切迫流産などの異常分娩では健康保険が使えますし、普通の医療保険からも給付金が支払われますので、ことさら心配することはありません。

ある女性向け医療保険の例。重点保障される病気とは、子宮がんや乳がんなど女性だけが罹るものに限らず、その他のがんや尿道結石、慢性腎不全なども対象にしています。さらに先進医療や死亡保障、ボーナスまでセットで盛りだくさんです。

つまり、女性向け医療保険とは、女性疾病の経済的リスクが高いから手厚くしたのではなく、「女性向け」や「ボーナス」という言葉にめっぽう弱い女性にフォーカス、おトク感を持たせてぜひ入ってもらおうという「戦略」なのです。

無料相談の成り立つワケは？②

ある保険ショップで、私立中学受験を控えたお子さんを抱えつつ貯蓄ゼロの世帯に、月額保険料10万円、保険金額３０００万円の終身保険が提案されたのを見たことがあります。提案された保険に加入すれば、この世帯は明らかに生活に支障が生じるでしょう。この世帯のミッションは、まずはお子さんの中学受験。今後しばらくは支出が増えるわけで、貯蓄ゼロでは乗り切れません。家計を見直し、無理なくお金が回る家計を再構築するのがこの世帯の生活設計上の喫緊の課題なのです。

保険ショップでなされるのは、あくまでも保険に関する提案。それらは必ずしも個々の世帯が必要とする生活設計上の問題解決策ではないとの認識が必要です。むしろ不必要な保険料は家計に悪影響を及ぼし、その世帯のライフプランの実現を阻むことすらあるのです。

第4章

損をしない！ 失敗しない！
不測の事態に備える
新常識

①そもそも不測の事態って？

私たちの基本路線は、自分の望む生き方、暮らし方を日々実現していくことにあります。望みは人それぞれ。マイホームが欲しい、毎年海外旅行に行きたい、子どもが5人欲しいなど、それぞれの思いは異なるでしょう。

ところが、いつも思い通りにいかないのが、私たちの暮らしです。不測の事態の発生で、ときには生活設計の大幅な変更を余儀なくされることも。家族の病気や介護、離婚など、わが家の中で起こることもあれば、リストラや災害、社会・経済的な変化など、外部の要因で起こることもあります。

また、入院費用や老後費用など、お金である程度対処が可能な問題もあれば、一方で「がんになったらどうしよう」などの心配事は、そもそもお金で対処することはできません。

問題は、「お金で解決できる問題」と「心配事」が整理されないまま、多くの人の「不安」となってしまっていることです。

「不安」と「リスク」の
正体を見極めよう!

②保険が解決する不測の事態は実はわずか

不安から行動を起こすと、私たちはつい、安易な解決策に飛びついてしまうものです。

「とりあえず保険に入っておけば安心」というのも安易な解決策の一つ。長年にわたる強い刷り込みのためですが、「医療費への備え＝医療保険」「老後資金＝個人年金保険」「教育費貯蓄＝学資保険」といったイメージに、多くの人は違和感を持たないでしょう。ましてや「他の手段と比べてどう?」「本当に役立つのか?」などとツッこむことなく契約に至り、「これで病気をしても安心～」で終わっていませんか?

しかしながら、保険も一つの商品であり、その効用には限界もあります。たとえば医療保険は、その対象となる入院をしたり、手術をしたりしたときに、約束した給付金が支払われるものです。逆にいえば、その対象となる入院をしなければ、給付金は受け取れず、さらに医療費そのもの、はては病気そのものへの心配を打ち消してくれるものではありません。

保険のカバー範囲は限定的。
安心につながらないことも!

③ 保険と貯蓄のしくみは全然違う

「保険も貯蓄」と思っていませんか？　しかし両者のしくみは、まったく異なるものです。

たとえば銀行の積立定期預金。時間とともに、貯蓄が増え、満期には払込金額＋利息が受け取れます。利息を除き、積み立てた金額と満期の受取額は、いうまでもなく個人単位で同額です。時間は必要ですが、コツコツ積み立てれば、まとまった貯蓄をつくることもできます。

一方、保険を利用してイザというときまとまったお金を受け取るためには、その対価としての保険料負担が必要です。ただし、保険料をいくら払い込んだかに関係なく（1回だけでも！）契約期間内にコトが起きれば、即座に約束した金額を受け取れます。

個人が支払った保険料と受け取る保険金は、いうまでもなく同額にはなりません。つまり、貯蓄と異なり、契約後すぐにでも約束した金額が受け取れる、保険ならではのカラクリがあるのです。

支払った保険料≠受け取る保険金。
貯蓄とは全く別の物と理解しよう!

④ 支払った保険料は自分のために積み立てられていない?

自分の支払った保険料が積み立てられ、イザというときにそれが自分に支払われる……。保険にこんなイメージを持っていませんか?

しかし保険とはそもそも、貯蓄のように個人ではなく、加入者全体で収支が合うしくみです。

人の死や火災、交通事故の発生率はだいたいわかっています。1年間に1人が死亡する場合、100人の加入者から1万円を集め、死亡した人に100万円の保険金を支払う——。話を単純化すると、支払った保険料と保険金の間のお金の流れはこんなふうになるのです。

集めた全員の保険料が、死亡した1人に渡されるわけですから、保険に入ることは「助け合いクラブに入る」みたいなものです。自分が死亡すれば、他人が支払った保険料から助けられ、逆に他人が死亡すれば、自分の分はその人を助けるために使われる。こういうしくみだから、保険は加入後すぐでも保険金が受け取れるのです。

加入後すぐに保険金が受け取れるのは
保険ならではの「しくみ」のおかげ

5 私たちの支払う保険料にはCMタレントのギャラが乗せられている!?

保険金を支払うための保険料（「純保険料」といいます）だけでは、集まった保険料がすべて保険金として出ていってしまうわけですから、それでは保険は維持できません。そこで、契約維持のための事務コスト、また契約募集のための人件費や広告費といった保険会社の経費（「付加保険料」といいます）が乗せられたものが、実際に私たちが支払う保険料となります。つまり、付加保険料は私たちが支払う保険料を決める重要な要素の一つなのです。

たとえば、インターネットや通信販売を通じて契約する直販の保険の保険料が安いのは、営業職員が販売していないため。付加保険料中の営業職員の人件費がないことによるものです。

一方、人気タレントをガンガン使い、広告を打っている保険会社もあります。付加保険料は当然、そうでない保険会社より膨らむはずですが、つまりはタレントのギャラも、私たちが支払う保険料に乗せられているのです。

CMをたくさんやっている≠安心
ということにも注意!

⑥ 何のため？目的がわからないなら「なくてもOK」

「この保険、どうして入ったんですか？」

これは、保険の見直しの相談を受けるときに、いつもおたずねしていることです。おおむね「入らなきゃいけないと思って」「なんとなく」「入れっていわれたから」というお答えが戻ります。はっきりとした目的を持っている方はそれほど多くありません。

そもそも保険は、不測の事態が起きたとき、家計が大変なことにならないよう、備えておくもの。ですからまずは、わが家での生命保険の目的と必要性を確認すべき。生命保険は長年にわたる契約になりますから、総額でみると相当な保険料負担が発生します。毎月2万円なら年間24万円、10年間で２４０万円、20年間で……。

漠然と支出し続けるには、あまりにも大きな金額。とくに注意してほしいのは「おひとりさま」です。入ったはいいけど、「この保険、誰が請求するんだろう……」と疑問に思うようなら、おそらく必要性は薄いでしょう。

「自分にとって必要な保障」を
考えることからはじめよう

⑦ みんなが入っている終身保険、必要な人はごくわずか

終身保険は保険期間が一生涯にわたる保険です。契約が続く限り、死亡すれば死亡保険金が支払われます。満期返戻金はありませんが、途中で解約すると経過期間に応じた解約返戻金を受け取れることもあります。解約返戻金を年金として受け取ったり、介護保障に移行するなどの選択肢があるものも一般的ですが、その分定期保険よりも保険料は割高です。

保障切れがないことに安心感を持つ人もいますが、保険期間が長くなることには、むしろ注意が必要です。保障が生涯続くとはいえ、保険金や解約返戻金を受け取るときの物価は、現在と同じ水準である保証はなく、物価上昇で保険金が実質的に目減りする可能性も。遠い将来に備える保険、そもそも必要なのでしょうか。

終身にわたる保障が必要なのは、相続対策など確実に一定額の保険金を残す必要のある人などに限られます。多くの人が入っている終身保険ですが、必要なのは実は一握りの人にすぎません。

40年間に物価が大幅にUPしたら…
え!?
受けとれる保険金…これだけ!?
がーん!!
40年前なら大金だったけど…。
物価

終身保険は定期保険より割高。
保険期間が長くなることで
保険金が目減りする可能性も

⑧ お宝保険は続けるべきか？

「お宝保険」とは、貯蓄性の高い保険のことです。一般的に、1980年〜1995年3月に契約した貯蓄型保険を指します。保険はいわば、長期固定金利型金融商品なので、その後どんなに予定利率が下がろうが、そのときに契約した保険の予定利率はそのまま継続します。たとえば、'89年に契約したある養老保険を満期まで続けると金利3・45％の金融商品で積み立てたのと同じ効果があります。こんな商品は今どきどこを探してもありません。そのまま契約を続けて、今どき得られない高利回りを享受できるなんてスバラシイ！

ただそれも、保険会社が破たんしない限りという条件付きなのでご注意を。貯蓄性が高い有利な保険ほど、保険金額や満期返戻金が削減されるなど、保険会社の破たんによる影響を大きく受けてしまうのです。

遠い将来まで、保険会社の健全性を予測できる人はいません。有利な貯蓄型保険には、この問題がセットになることを肝に銘じましょう。

貯蓄性の高い保険ほど
保険会社の破たんによるリスクも大きい!

9 生命保険会社の契約者貸付って、おトクなの？

契約者貸付とは、貯蓄型保険の解約返戻金の一定範囲内で、貸し付けを受けられる制度のこと。生命保険会社によっては、自社や提携先のＡＴＭ・ＣＤから生命保険会社が発行するカードで貸し付けを受けられることもあります。

ただし、貸付金には所定の利息（複利）がつき、契約の時期などにより異なりますが、予定利率が高い契約は貸付利率も高くなることが多いため、おトクではありません。安易に手を出す前に、まずは貸付利率を確かめましょう。

貸付金を返さないと、被保険者が死亡したときや満期がきたとき、保険金や満期から貸付金の元金と利息が差し引かれてしまいます。

また、契約者貸付を受けると、利息は毎年元金に繰り入れられるので、元利金が年々膨らみます。貸付金の元利金が解約返戻金を超えてしまったらご注意を。生命保険会社から通知された金額を所定の期日まで払い込まないと、いよいよ保険は失効してしまいます。

しくみや貸付利率を確認してから
利用すること

10 「子どもが生まれたら学資保険」は得策か

教育費づくりといえば子ども保険や学資保険を思い浮かべる方は多いよう。最近は保障が厚めの学資保険より、保障がシンプルで返戻率の大きい商品が人気ですが、積み立ての目的が教育費を貯めることだけなら、今はあまりおすすめではありません。

ある学資保険で、35歳の父親、0歳の子が17年後に満期学資金額200万円を受け取る場合、月払い保険料は8860円です。これを積み立てと考えたときの年利率は1・18%。一見高いようですが、17年間にわたりこの利率は固定されます。ところが契約後に市場金利が上昇すれば、これより有利な商品が出てくるかもしれません。つまり、学資保険の契約をすると、経済環境に応じた有利な商品を利用できるチャンスを失ってしまうのです。

保障が不要なら、保険でなく銀行の積立定期預金でコツコツ貯め、まとまったらより有利な商品に預け替えていくのも一つの方法です。

満期まで金利が固定される
学資保険は、積み立て目的なら
銀行の積立定期のほうがベター

11 「養老保険は貯蓄になる」のウソ

振り返ってみますと、'89年ごろの養老保険はかなり有利なものでした。

30歳男性の毎月の保険料は7975円、総支払保険料が約287万円となりますが、30年後の満期保険金はなんと500万円。満期返戻金は約束された額が支払われ安心。さらに源泉分離課税20％となる他の金融商品と異なり、利益が出ても50万円以下は非課税扱いの特典まであり、メリットはさらにアップしました。

しかしながら、これもすでに過去の常識となっています。保険料の割引率である予定利率はその後低下の一途、現在では史上最低水準に張り付いています。同じ保険金を受け取るための月払い保険料は1万2485円にアップ、そのため総支払保険料は約162万円もアップ、貯蓄性は著しく低下しています。

「養老保険が有利」ではないのです。貯蓄型保険には有利な契約タイミングがあるわけで、それを見極めないとソンをしてしまいます。

郵便はがき

料金受取人払郵便

小石川局承認

1422

差出有効期間
平成27年5月
14日まで

112-8731

東京都文京区音羽二丁目
十二番二十一号

講談社
生活文化局

講談社+α文庫係
行

今度の出版企画の参考にいたしたく存じます。ご記入のうえご投函ください ますようお願いいたします(平成27年5月14日までは切手不要です)。

ご住所　〒□□□-□□□□

(ふりがな)
お名前

年齢(　　　)歳
性別　1男性　2女性

★今後、講談社からの各種案内がご希望の方は、□内に✓をご記入ください。　□希望します。

TY 000012-1305

本のタイトルを お書きください

a　本書をどこでお知りになりましたか。

1 新聞広告(朝、読、毎、日経、産経、他)　2 書店で実物を見て
3 雑誌(雑誌名　　　　　　　　　　　　　)　4 人にすすめられて
5 ＤＭ　6 その他(　　　　　　　　　　　　　　　　　　　　　)

b　ほぼ毎号読んでいる雑誌をお教えください。いくつでも。

c　ほぼ毎日読んでいる新聞をお教えください。いくつでも。

1 朝日　2 読売　3 毎日　4 日経　5 産経
6 その他(新聞名　　　　　　　　　　　　　　　　　　　　)

d　この文庫についてお気づきの点、ご感想などをお教えください。

e　ノンフィクション・実用系で、よく読む文庫は？(○をつけてください。複数回答可)

1 小学館文庫　2 だいわ文庫　3 三笠 知的生き方文庫
4 三笠 王様文庫　5 光文社 知恵の森文庫　6 ＰＨＰ文庫
7 祥伝社 黄金文庫　8 河出夢文庫　9 日経ビジネス人文庫

「貯蓄型保険」の貯蓄性は
「いい時代」と比べて著しく低下!

12 生命保険の「返戻率」にだまされるな

貯蓄型保険の設計書やパンフレットには、しばしば返戻率（あるいは戻り率）が掲載されています。これは支払った保険料の総額に対する満期保険金の割合のことで、100％を上回っていれば元本割れしないことがわかります。

ただし、返戻率には時間の経過軸が加味されていません。お金の貯まるスピードがわからなければ、貯蓄として有利かどうかはわからないので、返戻率はこうしたモノサシとしては不十分なのです。

たとえば、毎月1万円を20年間支払い、250万円の満期保険金を受け取るケース。この場合、保険料総額240万円に対する返戻率は104・2％です。元本割れはしませんが、一方で支払った保険料を積み立てと考えたときの年複利の利率は0・4％となります。これで初めて、他の金融商品と比較、有利かどうかを知ることができます。こうした利率計算は「金融広報中央委員会　知るぽると」の資金プランシミュレーションなどでできます。ぜひ活用を。

元本割れしないからといって
他の金融商品より有利
というわけではない

13 アカウント型保険で有利な貯蓄ができるわけじゃない

アカウント型保険に入っているという方、多いでしょう。保障そのものは従来の商品と変わりませんが、お金が以下のようなしくみで流れます。

保険料を支払うとその一部で保障が買われ、残った一部が契約者個人のアカウントへ。これが所定の積立利率で積み立てられます。アカウントのお金は、保障を買い増したり、保険料支払満了時に終身保障や年金として受け取ったりできます。

一見、選択の自由度が高く、お金も貯められそう。ところが保障は最低購入金額があり、欲しい保障だけを買うなどの自由はありません。

アカウントにお金が貯まるのも、そもそも保障を買った後にお金が残っていればの話。さらに積立利率からは保険会社の経費（「付加保険料」）が差し引かれるので実質の積立利率はもっと低くなります。有利にお金を貯めるしくみではなく、契約した保険会社で、この先さらに保障を買うためのしくみと見るべきでしょう。

見た目ほどの自由度はなく
貯蓄性も高くないので注意!

14 三大疾病保険、保険金を受け取るのは至難の業

がん・急性心筋梗塞・脳卒中を保障対象とする三大疾病（特定疾病）保険の難点は、保険金支払い要件である「所定の状態」の厳しさです。

がんは「初めてがんに罹ったと確定診断されたとき」が対象で、比較的わかりやすいですね。

ところが後の2つは、かなり厳しいもの。急性心筋梗塞では「初診から60日以上、労働の制限を必要とする状態が継続したと医師が診断したとき」。狭心症などは対象外です。脳卒中は「初診から60日以上、言語障害などの他覚的な神経学的後遺症が継続したと医師が診断したとき」。くも膜下出血や脳内出血など限られた病気以外の脳血管疾患は対象外です。つまり、三大疾病になっただけではだめなのです。

ただし、三大疾病にならずに死亡・高度障害になると、死亡・高度障害保険金が受け取れます。入っているけど知らなかった、という人は多数。請求漏れのないようご注意を。生命保険を兼ねるので、通常の生命保険より保険料は高めです。

三大疾病になっただけでは受け取れない。
死亡・高度障害保険金についても
チェックしよう

15 「介護はコワイ」でも民間介護保険は帯に短し、たすきに長し

要介護状態に民間介護保険で備える選択肢もあります。一定の要介護状態が一定期間継続したとき、その状態が解消するまで保険金が支払われるものが一般的で、対象をどのような介護状態とするかは保険商品により異なります。比較的軽度の介護状態が対象になる商品もありますが、認定レベルは公的介護保険の「要介護2レベル」。立ち上がったり歩くことなどが自力でできず、毎日、日常生活の一部または全般に介助や見守りが必要な状態。軽度とはいえ、大変な状態です。

ところが、こうした状態が一定期間継続することを保険金支払いの条件とするものが一般的ですし、軽度の状態から保障を受けられる商品では、保険料もそれなりの負担となります。一方、重度の介護状態を対象にするものなら、該当はしにくいものの、保険料は安め。

介護状態になったらと思うと心配なものですが、一方で、65歳以上の82％は介護認定を受けていない元気なお年寄りなのも事実。

保障とのバランスの見極めを!
65歳以上の82%は介護認定を
受けていないのも事実

16 住宅ローンにセットする「七大疾病保障保険」ってどうなの？

多くの人にとって住宅ローンは人生最大、最長の負債です。ローン返済中に病気になったり、就業不能に陥ったらと思えば心配なものです。そこで目につくのが三大疾病、あるいは七大疾病保障付き住宅ローンかもしれません。

たとえば、あるメガバンクの商品は、七大疾病（がん・急性心筋梗塞・脳卒中・高血圧性疾患・糖尿病・肝硬変・慢性腎不全）で「いかなる業務にも従事できない状態」になったとき、その期間に応じて保険金が支払われます。

保障の内容は2段階。30日間の免責期間を超えて就業不能が続くと最長1年間、月額のローン返済額が保障され、さらに免責期間後の就業不能が1年間継続すると、住宅ローン残高はゼロになります。

ただ注意が必要なのは「いかなる業務にも従事できない状態」の定義。出社できたり、軽作業や事務作業が可能なら保険金は支払われません。要件を満たすのはかなり厳しそうです。

要件を満たすのはやはり厳しい。
優先度の低い保障かも

17 先進医療特約の保険料は月100円前後。安すぎるそのワケは?

公的医療保険適用外の先進医療の技術料は100%が患者負担。わずかではあれ3000万円を超える技術もありますから、実際に受療すれば患者の経済的負担が重くなるケースもあります。そこで、その費用をカバーしようというのが民間医療保険の先進医療特約です。

「1日5000円」など少額の入院保障とは異なり、3000万円などまとまったお金がカバーされる点は、保険として一定の存在意義と合理性はあると思います。

保険料はどの保険会社でも月100円前後ですが、先進医療保障だけの契約はできず、先進医療特約のために他の保障まで買えば、結局は高い買い物になってしまいます。ご注意を。

ともあれ、安い保険料はそれだけ保険金の支払いが少ないことを意味します。事実、厚生労働省によれば、平成25年度に先進医療を受けたのは約2万人。先進医療特約のメリットを享受できるのは、一握りの人、ということです。

先進医療は現状では
限られた人が受ける
特殊な〝技術〟です

18 特約が多すぎると、保険金請求モレもチェック不能に！

多くの人が契約している生命保険は、しばしば複数の保障がパッケージになっています。こうした「手厚い保障」の契約をしておけば、何かと役立つだろうと思いがちです。ところが保障には各保障ごとに、異なる保険金の支払い要件が定められています。

「災害割増特約」は契約者の多い一般的な特約で、不慮の事故での死亡で保険金が支払われます。ただ心臓発作や過度の運動、持病が原因で起きた事故は対象外であるということが、約款にかなり厳密に定義されています。

また、保障をたくさん契約していても、その内容を把握していなければ、保険金の請求モレを起こしやすくなります。がんで入院し、入院給付金は請求したけれど、三大疾病保険は請求しなかった、あるいは通院給付金は請求し忘れるなどの事態にも陥りがちです。

保険はシンプル・イズ・ザ・ベスト。使う自分が理解でき、維持管理も容易なものを選びましょう。

なんとなく「特約」は厳禁!
契約したら保障内容の確認を!

19 ウソの告知、2年たてばOK？

生命保険や医療保険の契約時、私たちは健康状態の申告をします。病気なのに健康だとウソを書くと、契約を解除されたり、保険金がもらえないなど、重いペナルティが科されます。告知時にウソをついても、トクはありません。

「契約から2年間バレなければOK」などと耳にすることがありますが、これも違います。たとえば、医療保険の契約後2年以内に隠した病気が原因で、内緒で入院していたりすると、2年経過後でも契約が解除される可能性があります。さらに保険金詐欺が目的の契約、不正に保険金を得るための契約だと保険会社が判断すれば、契約はいつでも無効になるのです。

保険に入って不測の事態に備えたつもりでも、いつ契約が解除されるかわからずハラハラすることになるなら、何のための保険でしょう。

「イザ」に備える方法は、保険に限りません。保険に入れなくても大丈夫。貯蓄など他の手段で、よりよい備えを考えればいいことです。

告知時にウソをついてもトクはなし!
保険以外の備えがあることも知って

20 1回の入院でもらえる入院給付金の日数には制限がある

医療保険や入院特約には、1回の入院で受け取れる入院給付金の限度日数があります。この限度日数を、最近では60日とか120日としているものが多いよう。共済商品は180日が多くなっています。

ただし、1回の入院のカウント法は独特なので知っておいて。最初の入院から180日以内など短い期間のうちに同じ原因で、あるいは医学上重要な関連がある病気が原因で何度も入院をした場合、それらがセットで1回の入院とみなされてしまうのです。

たとえば、1入院の限度日数が60日の医療保険の場合。胃潰瘍で30日間入院後、退院。その後経過が悪く、20日後に35日間入院したケース。この場合、入院したのは1回目の30日と2回目の35日の全65日ですが、受け取れる入院給付金は60日分まで。入院さえすれば、給付金がもらえるというわけではないのです。

短い期間に同じ原因での入院は
「1回の入院」としてカウントされる!

21 契約期間を通じて保険金がもらえる日数には制限がある

一生涯にわたり医療保障が続く終身医療保険。現在では医療保険の主流です。一生、保障切れしない点が、なんとなく安心な感じを与えていますが、終身だからといって、入院給付金を一生涯受け取り続けられる、ということではありません。

医療保険には、1回の入院についての給付限度日数が定められていますが、もうひとつ「通算限度日数」という制限もあります。

これは、保険期間を通じた給付金の受取限度日数のことで、1000日とか730日、360日などがあり、契約により異なります。

通算限度日数以上の入院をすることは、現実には非常にまれなケースでしょう。ただ、終身医療保険であれば、絶対に保障切れしないというわけではない点は知っておいてほしいところです。

なお、契約期間がおおむね1年間の共済には、通算限度日数の設定はありません。

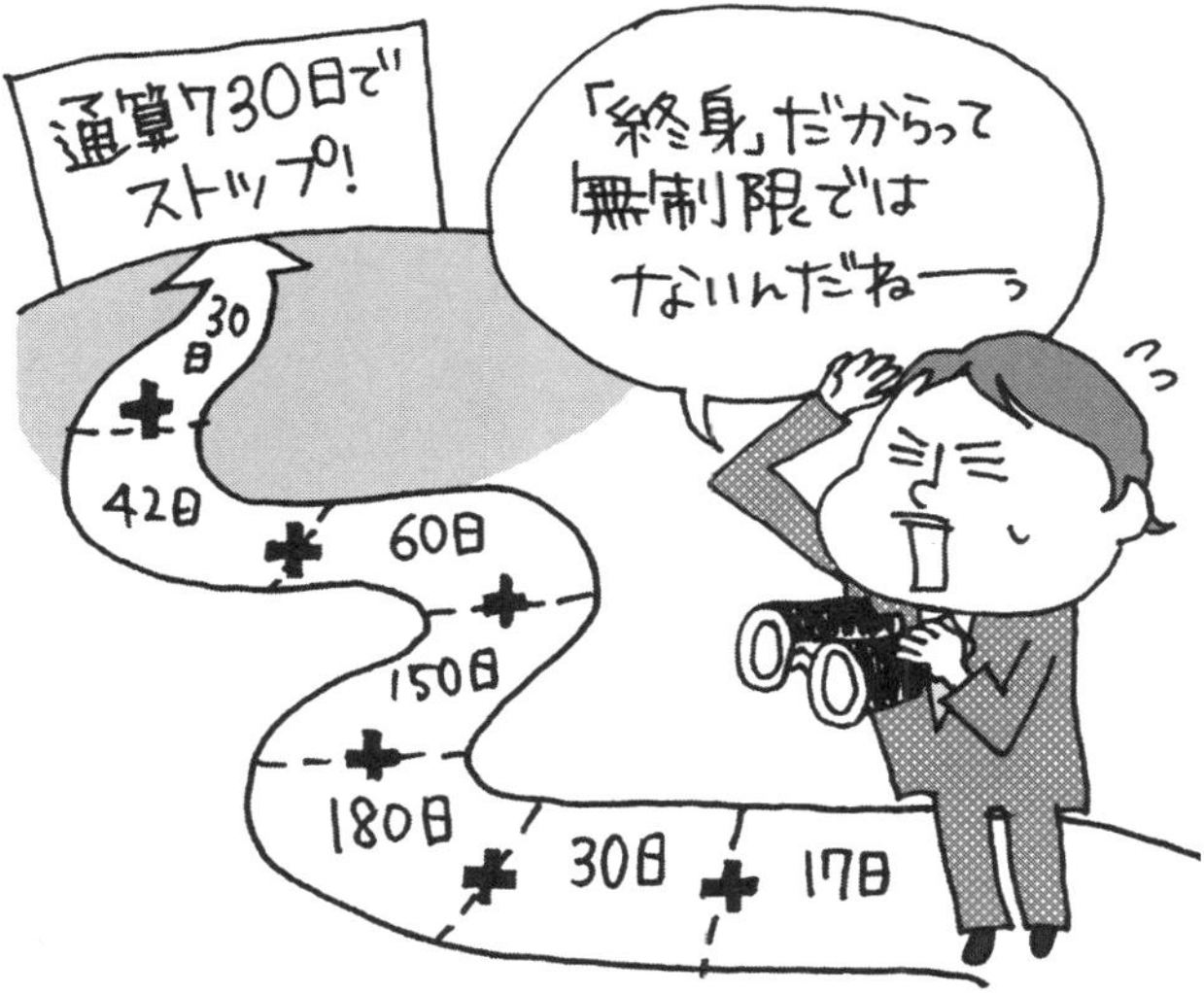

給付金には受取限度日数がある。
保障内容を確認しよう

22 病気の入院も大丈夫！と思ったらケガだけを保障する保険？

新聞やテレビでは、シニア向け保険が頻繁に広告宣伝されています。これらの商品の多くはペットネームが付けられていて、中には医療保険なのか傷害保険なのか、一見わからないものもあるので注意が必要です。

なぜなら、似たようなものでも、医療保険と傷害保険は異なるものだからです。病気やけがの入院をともに保障するのが医療保険ですが、一方、傷害保険はけがのみの入院や通院などをカバーする損害保険。医療保険に入ったつもりが、イザ病気で入院というとき、「え？　病気は対象外？」なんてことにならないようにしたいものです。CMなどのイメージにとらわれず、保障内容をしっかり確認することが大切です。

また、これらの中には、死亡した場合に葬儀費用が支払われるなど、シニアならではの保障がセットされていることがあります。ただ、契約から5年以内の保険事故については、保険金が一部しか支払われないなどの要件も。

医療保険と傷害保険は違うもの。
保障内容をしっかり確認しよう!

23 検査入院は入院給付金をもらえない？

医療保険から給付金が支払われるのは、あくまでも病気やけがの治療を目的とした入院です。そのため、検査で入院をした場合は対象外。人間ドックなど、病気の予防を目的とする検査で数日入院する場合も同様、対象外です。

糖尿病などの生活習慣病で、医師から教育入院をすすめられることがありますが、こちらも、その入院が治療を目的としたものであるかどうかがポイントになります。治療に該当するかどうかの判断は医師の診断書に基づいて保険会社が行いますが、治療を目的とした入院であれば、給付金が支払われることになるでしょう。

また、正常分娩での入院は対象外です。妊娠・出産は病気ではないので、給付金を受け取ることはできません。ただし、帝王切開や切迫早産などの異常分娩でしたら、給付金が支払われます。

検査・予防目的の入院は対象外。
正常分娩での入院も
給付金を受け取れない

24 共済商品は家計にやさしいスグレモノ

共済は、加入した組合員だけが利用できる保障制度です。加入者間の相互扶助のしくみなのは保険と同じですが、運営しているのは非営利の共済団体。そのため、広告宣伝費等は抑えられており、シンプルな保障を手軽な掛け金で得られます。毎年の決算時に剰余金があれば、割戻金として組合員に還元されるので、実質的な掛け金はさらに安くなります。

共済金額の上限はやや低め、共済期間も1年中心と短め。ただ保障内容は保険と変わらず、むしろ組み合わせしだいで、割安に十分な保障を得られることは、意外に知られていません。

そもそも、保障は貯蓄が十分貯まるまでのつなぎ。貯蓄ができれば保障は卒業できます。ところが、高い生命保険料を長年支払っていると貯蓄が進まず、いつまでも保険依存から卒業できなくなることも。共済を用いて、同時にお金を貯めれば、家計も健全化。共済は、年収減少時代の家計にやさしいスグレモノなのです。

割安に十分な保障を得られる共済。
貯蓄と組み合わせれば家計も改善

25 なにしろ割安！グループ保険を最優先しよう

勤務先で希望者が加入できる団体保険をグループ保険といいます。シンプルな死亡保険や医療保険で、保険期間は1年間。団体の規模により保険料は異なりますが、ネット生保や通販の生保より割安な保険料になることもあります。

保険金の支払いが見込みより少なければ、剰余金が配当金として契約者に還元され、その場合実質的な保険料はさらに安くなります。

同じ保障額を得られるなら、できるだけ割安なものを選ぶのが基本。勤務先にグループ保険があって、かつそれが割安なら、まずはそちらを優先します。

勤務先が契約事務等を負担していますので、手続きは会社を通して行います。申込手続きの時期は年1回など限られるので、もれなく手続きを。保険料は給与天引きで支払います。

なお、生命保険会社の営業職員が職域で取り扱う団体扱い契約（集団扱）は、契約人数に応じた団体割引が適用されるもの。グループ保険ではありません。

ネットや通販型よりも割安な
保険料になることも!

26 いずれ脱サラ、独立開業。だからグループ保険じゃないほうがいい？

勤務先に割安なグループ保険があるのに「会社を辞めたら続けられないから」と、個人的に保険契約をする人もいるようです。確かに、グループ保険はその会社にいる場合のみ契約ができるもの。会社を辞めたら、原則として継続することはできません。

ただ、会社を辞める時期が明確に決まっているのでないなら、辞めるまでの間、グループ保険のメリットを上手に利用するのも手。グループ保険はおおむね保険料が安く家計負担が少なくてすむため、独立開業や転職にあたり、必要となる資金を貯めやすくなるからです。

私たちのおサイフは1つしかなく、しかも限界があります。家計はつながっていて、どこかの支出が多くなればその分、どこかの支出を減らさざるを得ないもの。保険料が下げられれば、貯蓄や、その他必要な支出を増やすことができます。月2万円の支出も5年間でみれば120万円。長い目で見ると大きな差になります。

辞めるまでの間、グループ保険を
賢く使って、独立のための資金に!

27 入院直後に入院に必要なお金がもらえるわけではなく「やっぱり貯蓄は必要」

入院時のために医療保険に入るというだけでは、準備としてはいささか不十分です。なぜなら医療保険の請求は通常、入院日数が確定した退院後です。ところが、入院すれば、退院までには現金もいくらか必要になってきます。

入院するときには、病院から数万円程度の入院保証金を求められることがあります。また医療費や入院時の食事代なども、原則として精算時や退院時に、病院の窓口で支払わなければなりません。

医療保険の請求はその後、退院後に担当医師に診断書を作成してもらってから。医療保険の給付金で負担した医療費を穴埋めするにしても、一旦は自分で病院への支払いや、その他発生するさまざまな支払いに現金が必要に。

入院給付金は請求から5営業日くらいで支払われますが、入院時のお金の流れを考えると、ただ「保険さえあれば安心」ではありません。手元にまったく貯蓄がないと、病院への支払いにも困ってしまうわけですから……。

入院後すぐに支払われないので
「手元のお金」の備えは必要!

28 あらゆる不測の事態に備える万能選手は「貯蓄」

入院は、私たちの恐れる不測の事態の一つです。とはいえ、私たちの家計は、常にさまざまな経済的な不測の事態にさらされる存在であり、負担する金額からみても、入院だけが非常事態とはいえません。

入院した場合の医療費は、ひと月あたり一般的な所得では9万円程度になりますが、このレベルの突然の出費は、医療費に限りません。冠婚葬祭、電化製品の故障（なぜかいっぺんに複数のものが壊れる！）、家の改修などなど。こうしたときには、多くの人はしぶしぶではあれ、お金で対応しているはず。確かに入院は望まない不測の事態ですし、不本意で不安な事態だから負担感も大きいものです。でも9万円程度の金額そのものは、家計に対するインパクトがそう大きいとはいえないでしょう。ある程度の貯蓄があれば対応は可能ですし、さらに貯蓄なら、保険と異なり、あらゆる不測の事態に対応が可能なのです。

世の中に「不測の事態」は
あふれているから、
保険と貯蓄でバランスよく備えよう！

29 自分では保険金を請求できないことも！「指定代理請求人」を指定しておこう

死亡保険金を除き、保険金の請求は被保険者本人が行うのが原則。ところが病気やけがで昏睡状態や寝たきりである、または余命6ヵ月以内といった状況では、本人が保険金を請求するのは困難でしょう。そこで本人に特別な事情があり保険金の請求ができないとき、あらかじめ指定された代理人が本人に代わり請求できるのが「指定代理請求制度」です。

生保各社で若干の違いはありますが、指定代理請求人として指定できるのは、被保険者と同居し、または被保険者と生計を一にしている被保険者の「戸籍上の配偶者」あるいは「3親等内の親族」など、おおむね一定の親族です。

代理人を指定していない場合、本人以外の人が受け取る場合の手続きはややこしくなることも。折を見て指定の手続きをしておきましょう。契約の途中で指定することもできます。あらかじめ指定した人の変更をすることも可能なので、離婚や死亡の場合は変更手続きを。

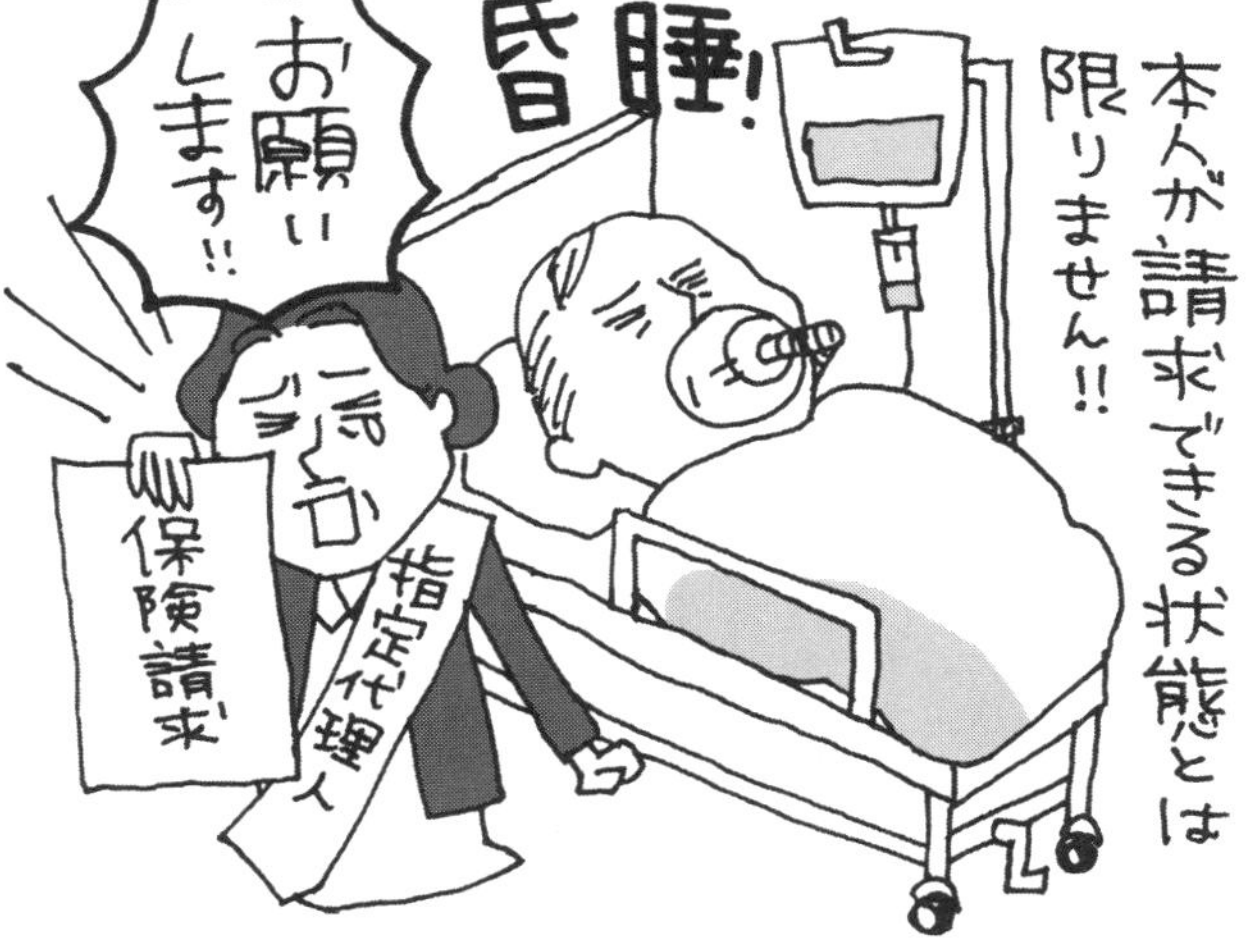

高度障害保険金の請求は
本人が基本。折を見て、
代理人指定の手続きをしておこう

30 保険金の請求、時効は3年。手続きは速やかに！

あたり前のことですが、おとなしく待っていても、保険金は永遠に支払われません。事故や病気になって入院したら、自分から保険会社に申告して、請求手続きをしなければ、保険金はもらえないのです。

保険金の請求には時効もあり、保険法では保険金請求権に3年の時効が定められています。

生命保険や医療保険だけでなく、自動車保険や火災保険、共済についても、同じ3年の時効となります。ただし、かんぽ生命はもう少し長く5年の時効となっています。いずれの場合も、保険事故が起きた翌日が起算日になります。

時効にかかると、お約束上は請求権がなくなってしまうのですから、請求は速やかに。

なお、保険金請求書や必要書類を保険会社に提出する前に、書類一式をコピーしておくことをお忘れなく。後々の確認や、支払いトラブル時にも役立ちます。

時効になると請求権を失う。
請求は速やかに。
書類一式のコピーも忘れずに

31 おひとりさまの保険金、いったい誰が請求するの?

生命保険を利用すれば、自分が死亡したとき自分が決めた特定の人に、保険金という形でお金を残せます。ただ、自分の死亡で渡すわけですから、自分自身で請求はできず、保険に加入していることを誰にも知らせていなければ、保険金は誰も受け取れません。何のために保険に入ったのでしょう。

おひとりさまで、保険の加入状況などを共有する同居家族がいない場合には、イザというときのメモづくりを。どの保険会社のどのような保険に加入しているか、さらに証券はどこにあるかなどをまとめておきます。さらにそれを、受取人となる人に渡しておけば万全です。

ただその前に、そもそも保険を残す必要があるかどうかの検証が必要です。特別な事情がない限り、おひとりさまに生命保険はあまり必要ありません。一度、見直しをしたほうがいいかもしれません。

受取人となる人に加入状況、
証券の場所などを知らせておく。
「本当に保険が必要か」も検討を!

32 自分の保険証券は家族にもわかるようにしておかないと、請求自体できない

なんとなくすすめられるまま契約してしまい、まあ、いいかとそのままになっている生命保険はありませんか？　「保険に入ったけど、保険証券は会社のデスクの中」という方、ご注意を。いくら家族のための保険でも、その家族が見つけられず、役に立たない可能性もあるからです。

死亡保険はもちろん、医療保険についても、病気などの状態によっては本人が請求できない可能性もありますので、家族で共有しておくことは何より大事です。すべての保険証券を渡しておくことがベストですが、最低でもコピーを渡しておくようにしましょう。

一方、残された家族。保険証券は探してみたけれど、故人が入っていたといっていたものが見当たらないような場合、すべての生命保険会社・共済団体に連絡をしましょう。その際、故人の氏名や生年月日を伝え、生命保険契約があるかどうかの確認をしてみてください。

自分がどんな保険に入っていて
どんな保障があるのか。
家族と共有しておこう

33 「やっぱりやめようかな……」もOK。「クーリングオフ」

保険契約は長期にわたることが多くなります。そこで、すすめられて一旦は申し込んだけれどやっぱり……という場合には、クーリングオフを使いましょう。一定期間内なら、契約者から一方的に申し込みの撤回ができます。

保険会社によって異なるのですが、一般的には第1回目の保険料の領収書の交付日または申込日のいずれか遅い日を含めて8日以内に封書またははがき（口頭はだめ）で申し出ることになっています。手続きをしますと、すでに支払った保険料も戻ってきます。

ただし、医師の診査が終わった契約とか、1年以内の契約など、クーリングオフの対象とならない契約もあります。

契約時には「注意喚起情報」というペーパーが渡されますが、そこにクーリングオフ制度についての説明が記載されています。事前に目を通しておきましょう。

クーリングオフについては
契約時に必ず確認を

第5章

FPがこっそり教える、「保険料を安くする」裏技

保険よりも「イザというとき貯蓄」でコストダウン

掛け捨ての保険はイヤ！　だったら……というわけで「保険料が全額戻る終身医療保険」と銘打つ商品もあります。保険料がかからず保障が得られるとはスゴイ話ですが、保険料と同額の積み立てをした場合と比べてどうなのでしょう。比較してみます。

30歳男性の保険料は月２８８０円、入院１日につき５０００円の終身医療保険です。70歳時点で入院給付金の受け取りがない場合は総支払保険料相当額と同額の健還付給付金が受け取れます（給付金を受けた場合は入院給付金等と支払い保険料の差額）。ただし、40年間の利息はゼロで、さらに中途解約や死亡の場合には、元本は戻りません。

一方、２８８０円を年平均利率１％で毎月積み立てると、10年後には約36万円に。使い道は自由で、入院にも対応可能なお金になります。40年後は約１７０万円となり、保険よりも31万円以上増加。老後の医療費にも安心できる貯蓄になるでしょう。長い時間を生かしてお金を殖やしておけば、使い道自由の、将来も安心な保障ができるといえそう。

●保険よりも「イザというとき貯蓄」でコストダウン

30 歳男性が毎月 2880 円で……

【終身医療保険の契約をすると】

保障内容（保険料払込期間終身）

病気入院	5000 円（1入院60日）
災害入院	5000 円（1入院60日）
手術給付金	入院給付金の 10 倍
放射線治療給付金	入院給付金の 10 倍

保障は終身続くが、病気の 1 入院は最大でも 30 万円

解約・死亡時はそれ以下に

健康還付給付金

（＝既払込保険料ー健康還付給付金支払日前日までの入院に対して支払われる入院給付金の合計額）70歳時

全く入院しない場合

＝ 138万2400円（2880円×12ヵ月×40年）

【積み立てをすると】

年平均利回りを 1%として……

10 年間…
約36万円に
↓
40 年後…
170万円

入院費としても頼れる額

保険よりも 31 万円以上お金は殖える。長い時間をかければ、老後の支えとなりうる金額に。年平均利回りが 3%なら 267.4 万円にも

フラ。。。
なんて聞くと…つい!!
入院しなければ
保険料全額が戻る！

保険よりも共済の組み合わせで大きくコストダウン

保険料負担は、長い目で見ると予想以上に大きな支出となり、時には将来の家計に影響が及ぶことすらあります。しかしながら保険が対応するのは、死亡や入院など限られた事態。ここにばかりお金をかけるわけにはいきません。

おすすめなのは、共済の組み合わせで保障を確保する方法（左図）。たとえば、小さな生命保険と医療保障等のセット商品である「都民共済　総合保障2型」と、2000万円までのシンプルな死亡保障を確保できる「CO・OP共済　あいぷらす」を組み合わせると、35歳男性の契約当初の死亡保障は2400万円、入院保障は1日45００円。当初の合計掛金は5200円ですが、割戻金があれば実質掛金はさらに低くなります。10年後の更新時にあいぷらすの共済金額を見直せば、掛金アップも抑えられます。多くの共済商品は60歳など一定時期を機に保障が縮小、あるいは終わるため、「おまけの保障」と捉えられがちですが、保障がずっと必要な人は少数派。低い掛金を十二分に生かした、資産形成が同時並行できるメリットは大。保障をずっと確保しなくてもよくなり、健全な家計もゲット！

●保険よりも共済の組み合わせで大きくコストダウン

【共済を組み合わせてわが家の保障を】たとえば……

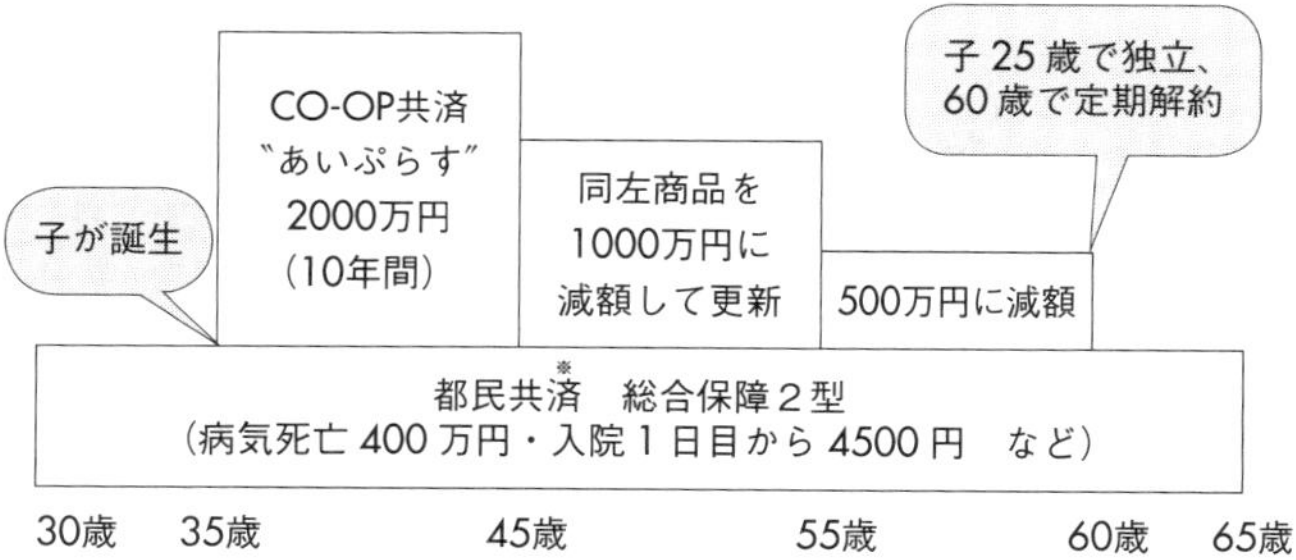

35歳から10年間
　病気死亡　2400万円
入院したときの保障
　日額4500円（1日目～）　など
月額掛金の合計

～35歳	2000円
～45歳	5200円
～55歳	5900円
～60歳	6450円
～65歳	2000円

割戻金があれば
掛金はさらに低減

※「都民共済」は都道府県民共済（神奈川県は全国共済）の東京都版。

終身より定期。時間の経過とともに保険金額を見直してコストダウン

保険期間が長ければ長いほど、保険料は高くなり、保険期間が最も長いのは終身保険。保険料は相対的に高くなりますが、保険期間満了時まで、あるいは終身払いなら終身通して保険料が一定であることが多いため、「保険料が上がらない」ことが魅力の一つとアピールされることもあります。ただ、年齢に応じて異なるはずの保険料が契約期間を通して一定なのは、若いときに前倒しで保険料を多めに支払っているため。

一方、定期保険の場合は、一定期間だけを保障し、保険期間が短いほど保険料も安くなります。保険期間満了時に更新をすると、そのときの年齢で保険料は変わりますが、「保険料が上がってしまう」点をデメリットと見る向きもあるよう。ただ、保障の必要性は、将来の変化とともに変わるもの。そもそも、一定の保障をずっと必要とするケースは、相続対策などに限られます。残された家族の生活保障を目的とするなら、時間の経過とともに必要な保障は低くなっていきます。定期保険で短い保険期間をつなぎながら、更新のたびに、必要な金額に見直していくのが合理的です。

●終身より定期。時間の経過とともに
保険金額を見直してコストダウン

【保険期間の違いによる保険料の違いはこんなに】

	30歳	40歳	50歳
終身保険（アフラック）	1万5330円	1万9850円	2万6960円
定期保険（10年）（オリックス生命）	1310円	2414円	5297円
定期保険（1年）（損保ジャパンDIY生命）	1890円	2570円	4740円

※男性の場合。保険金額1000万円、保険料は月払い。

一般の保険より通販やネットの保険でコストダウン

通信販売やネットにより販売されている直販の生命保険は、営業職員の人件費など、一定の経費が含まれないため、人を介して加入する生命保険よりも保険料は安くなります。保険期間が長めになることも多く、結果的にはかなりの累計額にもなる生命保険料ですから、割安であるほど家計にとってはメリット大です。直販型の生命保険は、保障内容も契約者自身で選べるシンプルな商品ばかり。契約時だけでなく請求時や見直し時がラクなのもメリットです。

留意が必要なのは、安いからといってたくさん買わないこと。あくまでもわが家にとって必要な保障を見極めて、必要だと思う期間を補いましょう。

また、直販の生命保険会社は続々増加中ですが、保険料の設定には各社の特徴がでているようです。20～30代の保険料がダントツで安い会社もあれば、平均的に安い会社も。どのくらいの期間、どのように利用するのかを踏まえつつ、保険会社を選ぶといいでしょう。

●一般の保険より通販の保険でコストダウン

【同じ定期保険でも負担は異なる】

	30歳	40歳	50歳
新定期保険（10年）（かんぽ生命）	3000円	4200円	7200円
かぞくへの保険（10年）（ライフネット生命）	1230円	2374円	5393円
カチッと定期2無解約返戻金型（10年）（アクサダイレクト生命）	1240円	2380円	5290円

※男性の場合。保険金額1000万円、保険料は月払い。

わかりやすい保障を選べばコストダウン

いろいろな保障ができる手厚い保険ほど、そしてカバーする期間が長いほど保険料は高くなります。保障内容が手厚いほど、そして長いほど、どこかで役立つだろうと思いがちです。ただし、その分は当然コストに反映します。要は、保障とコストのバランスが、わが家にとって適切なのかどうかを、見極める必要があるのです。

見極めるには、保障の内容をよく知る必要があります。比較対象として取り上げた三大疾病保険は、がん・急性心筋梗塞・脳卒中になり、所定の要件を満たしたとき、一方の疾病障害保障保険は、病気で一定の障害状態となったときにいずれも一時金が支払われる保険です。

ただし、三大疾病ではがん以外の要件を満たすのは厳しいもの（156ページ参照）。疾病障害保障から給付を受けられる基準は、国の障害年金と同一でないことも知っておくべき。

なおこの2つの保険は、それらの病気に罹らず死亡した場合の保障もありますので、保険料は死亡だけをカバーする定期保険よりも割高になります。

●こってりよりシンプル！
わかりやすい保障を選べばコストダウン

【同じ保険金額でも負担は異なる】

保険種類	月払い保険料	10年後のトータル保険料
終身保険（65歳払込満了）	2400円	28万8000円
三大疾病定期保険	523円	6万2760円
疾病障害定期保険	369円	4万4280円
定期保険	288円	3万4560円

※男性35歳の場合。保険金額100万円の比較。

一般の保険よりグループ保険で大幅コストダウン

直販の保険よりも安くなることもあるのが勤務先のグループ保険です。保険料は団体の規模や制度により異なりますが、加入者の多い団体ほど保険料が安くなる傾向があります。特に50代の場合は、保険料が大幅に抑えられるため、メリット大。一般的に安いといわれるネット保険と比べても、その4割程度の保険料となっているところもあるぐらいです。さらに、想定よりも保険金の支払いが少なければ、それが配当金として契約者に割り戻しされます。いくつかの団体についての配当実績を見てみると、支払った保険料の約3割が割り戻しされているところもあれば、6割近くを戻しているところも。もちろん、配当率は各年度により異なりますが、配当があれば保険料の実質負担はさらに低減することに。グループ保険の利用は、その会社に勤めている間の特権なので、上手に利用しないともったいない！　保険料をコストダウンさせた分、財形貯蓄をアップさせておけば、無理なくお金を殖やすこともできます。

契約手続きは会社が行い、診査も不要で簡単ですが、年1回など申し込み時期は限られていますのでご注意を。

第6章

「困った！」を一気に解決するQ&A

Q 子どもをひとりで育てることに……

死別は遺族年金の対象になりますが、離婚などでひとりで子育てをする世帯に支払われるのが児童扶養手当。手当月額は前年所得に応じ最大4万1020円（※）、子どもの数による加算があり、子どもが18歳までが対象。平成22年度からは父子家庭も対象です。

児童扶養手当の該当者になりますと、水道基本料金の減免、JR定期券の割引購入、医療費助成なども受けられます。ただ、手当の最大額を受給できる年収は130万円未満と厳しめで、365万円以上になると受給がストップするハードルの高さ。一定収入を得られるまでのつなぎと考えるべきかも。その他には、自治体による独自給付も。たとえば東京都内に住むひとり親世帯は、子ども1人につき月額1万3500円の児童育成手当を児童扶養手当とは別に受け取れます。

A 児童扶養手当の手続きを

※金額は子ども１人の例

Q 国民年金保険料の未納で遺族年金がもらえない！

国民年金保険は老後だけのものではありません。生計維持者である自営業者が死亡した場合、残された家族に支給される遺族基礎年金のためでもあるのです。その金額、残されたのが妻と子ども2人で月額約10万円。子どもが高校を卒業するまで支給されるので、生計維持者を失った家計のベースになりうるものです。配偶者死亡時の妻または夫の年収が850万円以上でない限り、受け取れます。

ところが、死亡までの1年間に国民年金保険料の滞納があると、遺族基礎年金を受け取ることはできません（平成38年3月31日までに死亡した場合の特例）。

そこで遺族基礎年金を受け取れないひとり親は、児童扶養手当を受け取ることができます。ただし、子ども2人の場合の手当の最高月額は約4・6万円。しかもこれを受け取るための年収は約172万円です。所得制限は相当厳しく、手当金額は遺族年金の半分以下になることは知っておきましょう。

A 所得が該当すれば児童扶養手当が

Q 国民年金保険料を滞納している

自営業者等は国民年金保険料を自分で納付しますが、低所得で国民年金保険料を納めるのが困難でも、滞納は絶対避けるべし！　イザというとき、遺族年金や障害年金が支給されません。年金保険料を支払えないなら、免除申請の手続きをしましょう。失業などでも対象になることがあります。

免除には、全額が免除される全額免除と、4分の3免除、半分が免除される半額免除、4分の1免除の4段階。所得の状況に応じてそのいずれかが1年間適用されます。

免除期間は老齢基礎年金の加入期間として計算されます。滞納と異なり、一部の保険料を納めたものとして年金額が計算されるので、手続きしないとソンをします。免除された保険料は、免除後10年以内に追納することもできますし、その場合は老齢基礎年金も減額されません。

A 滞納はソン！免除申請の手続きを！

Q 入院することに！ すぐやるべきことは？

入院日程が決まったら、まずは限度額適用認定証の取り寄せを。認定証があれば、所得に応じた自己負担上限額以上の負担が不要に。加入している公的医療保険に保険証を持参し依頼すれば発行されます。国民健康保険は市区町村役場、協会けんぽはコールセンターへ。組合健保や共済組合もそれぞれの窓口で手続きを。本人以外でも取り寄せができることがあります。

病院の支払いに必要なお金も用意しましょう。家族に依頼するならその旨を伝えて。かかる費用は病院により事前に概算を教えてくれる場合もあります。なお、月をまたいで入院すると、それぞれの月で自己負担上限額が設けられるのでご注意を。

また、差額ベッド代のかかる特別室を望まないなら安易に同意書に署名をせず、その旨を伝えましょう。患者相談室等で相談できる病院もありますので、何かあれば訊いてみて。

A まずは限度額適用認定証を取り寄せる

Q 通院医療費がかさむ。医療費の還付金を早くもらいたい

国の医療費抑制のねらいもあって、昨今では必ずしも入院せず、通院でできる治療は通院で行われることが増えてきました。そして、通院でも医療費の負担が重くなるケースがあります。

入院と同様、通院治療でも限度額適用認定証が使えます。

限度額適用認定証がなければ、一旦は医療費の3割負担が必要になり、さらに過払い分の戻りは手続きから3〜4ヵ月後。治療が長引き、通院でも高額療養費が毎月該当するような状況ですと、家計の資金繰りが大変なことになってしまいます。ですから、入院のみならず、通院が長引きそうなときも限度額適用認定証発行の手続きをしておきましょう。原則として有効期間は1年間です。

ただし自営業者の場合、国民健康保険料を滞納していると発行されません。ご注意を。

A 限度額適用認定証発行の手続きを

Q　生命保険料、支払えなくなった。でも、やめるのはちょっと……

保険料を支払わなくても、保険を継続する方法はいくつかあります。まずはご安心を。

「払済保険」に変更すると、保険期間は変更前の保険と変わらず、保険金額が小さくなります。保険種類は元の契約と同じ種類の保険か養老保険に変わります。お宝保険の高い保険料が支払えない場合などに利用します。ただし変更後には、今までついていた特約がなくなってしまうのでご注意を。

「延長保険」に変更すると、保険金額は元の保険と変わりませんが、種類は定期保険になります。現在の保障額を当面維持したい場合に向いています。

保険期間は元の契約よりも短くなるか、長くても元の契約と同じ期間になります。払済保険と同様、変更後は今までついていた特約がすべてなくなります。

A　払済保険・延長保険の手続きを

Q 保険証券をなくしちゃった！

保険証券をなくしてしまっても、保険が無効になるわけではありません。ただ、そのままにしておかないほうがいいですね。

イザというときや役立てるために契約した保険なのですから、そのまま存在が忘れられて保険料だけ支払うのでは何のための保険かわかりません。

解約や契約変更の手続きをするときにも保険証券は必要になりますし、保険金を請求するとき、保障内容がわからなければ手続きのしようもありません。

ともあれ、保険証券をなくしてしまったことがわかったら、速やかに再発行の手続きを。どの会社の契約かも覚えていなくても、領収書や各種お知らせはがきが残っていませんか？　また、秋ごろになると保険料控除証明書が届きますから、手がかりになるはずです。

A 請求モレしないよう、すぐに保険証券再発行手続きを！

Q 契約している保険会社がつぶれちゃった！

破たんしても、契約はなくなりません。業界のセーフティネットである保険契約者保護機構が資金援助を行い、他の保険会社に契約は引き継がれます。ただし資金援助は責任準備金、すなわち保険会社が将来保険金や年金を支払うため積み立てるお金の9割までであって、契約保険金額の9割ではない点にご注意を。過去の生保破たん事例をみると、予定利率の高い保険ほど、予定利率引き下げによる影響を受け、保険金額や年金額が契約額の90％以下になる大幅削減となっています。しかしながら破たん後は、破たん処理が終わるまでは解約ができず、契約者は破たん処理の結果を受け止める以外の道はありません。一方、定期保険など掛け捨ての保険はほぼ影響を受けませんでした。長期契約かつ貯蓄型の契約が多い生命保険ですが、破たんの影響の点で、掛け捨て型かつ短い保険期間が安心です。

A 短い保険期間・掛け捨て型なら影響は少ない

Q 死亡した夫が契約していた保険証券が発見できない！

死亡保険金を請求する際には、保険証券が必要です。生命保険契約では保険金請求権の時効は3年。一刻も早く探さなくてはなりません。

控除証明書や保険会社からのお知らせはがきなどが届いているのなら、その保険会社に契約があるはず。まずはその保険会社に問い合わせましょう。その場合、家族であると申し出、亡くなった夫の名前と生年月日を伝え、契約内容の確認を。

それすらない場合、すべての保険会社に連絡をし、契約があるかどうか確認してもらいましょう。（一社）生命保険協会のホームページには、国内で営業している全生命保険会社の一覧および連絡先が載っています（40社以上あるので、大変ですが）。

残された家族が大変な思いをしなくて済むよう、保険に加入したら家族と情報共有を。保険証券も渡しておきましょう。

A 各保険会社に契約があるか問い合わせを

Q 生命保険、もうやめたい。上手にやめるにはどうしたらいい？

保険契約を途中でやめることを解約といいますが、解約は、いつでも契約者の意思で自由にできます。

ただ、口頭で「やめる」と言っても、やめられるわけではありません。解約手続きには所定の用紙に記入・押印することが必要です。担当の営業職員に依頼して書類を持ってきてもらい、手続きをするか、あるいはお客様サービスセンターに問い合わせ、書類を取り寄せる方法もあります。また、急いでいる場合には、自ら営業所に出向き、その場で解約することもできます。解約には、保険証券や契約時の印鑑などが必要です。

なお、他の保険に掛け替えるために解約する場合には、新しい保険に入ってから解約手続きをしましょう。万が一、新たな保険に入れない事態になったとき、一旦解約した保険を元に戻すことはできないからです。ご注意を。

A 解約は契約者の権利。いつでも自由にできる

社会保障について知りたいとき

【社会保障・社会福祉全般】

- 厚生労働省
  TEL：03-5253-1111（代表）
  http://www.mhlw.go.jp

【公的年金について】

- 日本年金機構
  http://www.nenkin.go.jp/
- ねんきんダイヤル（年金の一般的な相談）
  TEL：0570-05-1165
  　　　03-6700-1165（IP電話、PHSから）
- ねんきん定期便専用ダイヤル
  TEL：0570-058-555
  　　　03-6700-1144（IP電話、PHSから）

あるいは、最寄りの年金事務所・日本年金機構へ

差額ベッド代など、医療サービスなどで困ったとき

- NPO法人ささえあい医療人権センター COML（コムル）
  TEL：06-6314-1652
  http://www.coml.gr.jp

お金について知りたいとき

- 知るぽると（日本銀行·金融広報中央委員会）
  http://www.shiruporuto.jp/
  ⇒お金にまつわる情報・データ多数。金利計算等、各種シミュレーションもできます。

巻末資料

各種相談窓口

【生命保険】

- 生命保険文化センター「生命保険相談」
  TEL：03-5220-8520（平日9：30～16：00）
  http://www.jili.or.jp/
- 生命保険協会「生命保険相談所」
  TEL：03-3286-2648（東京）
  　　　06-6362-9674（大阪）など全国に。
  http://www.seiho.or.jp/

【損害保険】

- 日本損害保険協会「そんがいほけん相談室」
  ：0120-107-808（一般電話から）
  TEL：03-3255-1306（携帯電話から）
  http://www.sonpo.or.jp

【かんぽ・旧簡易保険】

- かんぽコールセンター
  ：0120-552-950
  http://www.jp-life.japanpost.jp/

【共済】

- 日本共済協会「共済相談所」
  TEL：03-5368-5757
  http://www.jcia.or.jp/

【その他・全般】

- 金融サービス利用者相談室（金融庁内）
  TEL：0570-016811（ナビダイヤル）
  　　　03-5251-6811（IP電話、PHSから）
- 国民生活センター（消費者ホットライン）
  TEL：0570-064-370
  http://www.kokusen.go.jp/
- 日本消費者協会
  TEL：03-5282-5319
  http://www.jca-home.com

あるいは、最寄りの消費生活センターへ

本書は二〇一〇年七月に小社より刊行された
『見直し以前の「いる保険」「いらない保険」の常識』を
文庫化にあたり、改題・加筆・再編集したものです。

生活設計塾クルー

特定の金融機関に属さない、独立系ファイナンシャルプランナー集団。経験に裏打ちされた独自の視点で、一人ひとりの将来設計に応じた資産運用や保障設計のアドバイスを行う。金融、経済、金融商品、社会保険等について、中立の立場から情報発信している。
http://www.fp-clue.com

清水 香―ファイナンシャルプランナー。生活設計塾クルー取締役。1968年、東京都に生まれる。学生時代より生損保代理店業務に携わるかたわら、ファイナンシャルプランニング業務を開始。2001年、独立系ファイナンシャルプランナーとしてフリーランスに転身。2002年、生活設計塾クルー取締役に就任、現在に至る。一般生活者向けの相談業務のほか、執筆、企業・自治体・生活協同組合等での講演活動などを幅広く展開。テレビ出演も多数。2012年、財務省〝地震保険制度に関するプロジェクトチーム〟委員。著書には『こんな時、あなたの保険はおりるのか？』（ダイヤモンド社）、『早わかり・丸わかり　本当に安心な「保険の選び方・見直し方」』（講談社）などがあるほか、共著多数。

講談社+α文庫 あなたにとって「本当《ほんとう》に必要《ひつよう》な保険《ほけん》」

清水《しみず》 香《かおり》

2014年 5 月20日第 1 刷発行

発行者――――鈴木 哲
発行所――――株式会社 講談社
東京都文京区音羽2-12-21 〒112-8001
電話 出版部(03)5395-3529
販売部(03)5395-5817
業務部(03)5395-3615

カバーイラスト――小松希生
本文イラスト――カツヤマケイコ
デザイン――――鈴木成一デザイン室
本文データ制作――朝日メディアインターナショナル株式会社
カバー印刷――凸版印刷株式会社
印刷――――慶昌堂印刷株式会社
製本――――株式会社千曲堂

落丁本・乱丁本は購入書店名を明記のうえ、小社業務部あてにお送りください。
送料は小社負担にてお取り替えします。
なお、この本の内容についてのお問い合わせは
生活文化第二出版部あてにお願いいたします。
Printed in Japan ISBN978-4-06-281554-3
定価はカバーに表示してあります。

講談社+α文庫 ©生活情報

ハッピープチマクロ 10日間でカラダを浄化する食事
西邨マユミ
歌手マドンナをはじめ、世界中のセレブが実践。カラダの内側から綺麗になる魔法の食事
562円 C 165-1

冷蔵庫を片づけると時間とお金が10倍になる！
島本美由紀
冷蔵庫を見直すだけで、家事が劇的にラクになり、食費・光熱費も大幅に節約できる！
590円 C 166-1

履くだけで全身美人になる！ **ハイヒール・マジック**
マダム由美子
ハイヒールがあなたに魔法をかける！ エレガンスを極める著者による美のレッスン
552円 C 167-1

生命保険の罠 保険の営業が自社の保険に入らない、これだけの理由
後田 亨
元日本生命の営業マンが書く「生保の真実」。読めば確実にあなたの保険料が下がります！
648円 C 168-1

5秒でどんな書類も出てくる「机」術
壷阪龍哉
オフィス業務効率化のスペシャリスト秘伝の、仕事・時間効率が200％アップする整理術！
667円 C 169-1

クイズでワイン通 思わず人に話したくなる
葉山考太郎
今夜使える知識から意外と知らない雑学まで、気楽に学べるワイン本
648円 C 170-1

頭痛・肩こり・腰痛・うつが治る「枕革命」
山田朱織
身体の不調を防ぐ・治すための正しい枕の選び方から、自分で枕を作る方法まで紹介！
590円 C 171-1

病院ランキングでは分からない **実はすごい町医者の見つけ方**
永田 宏
役立つ病院はこの一冊でバッチリ分かる！ ワンページで見抜けるなど、驚きの知識満載
600円 C 172-1

極上の酒を生む土と人 大地を醸す
山同敦子
日本人の「心」を醸し、未来を切り拓く、新時代の美酒を追う、渾身のルポルタージュ
933円 C 173-1

一生太らない食べ方 脳専門医が教える8つの法則
米山公啓
専門家が教える、脳の特性を生かした合理的なやせ方。無理なダイエットとこれでサヨナラ！
571円 C 174-1

＊印は書き下ろし・オリジナル作品

表示価格はすべて本体価格（税別）です。本体価格は変更することがあります